Júbilo
OU OS TORMENTOS DO DISCURSO RELIGIOSO

FUNDAÇÃO EDITORA DA UNESP

Presidente do Conselho Curador
Mário Sérgio Vasconcelos

Diretor-Presidente
Jézio Hernani Bomfim Gutierre

Superintendente Administrativo e Financeiro
William de Souza Agostinho

Conselho Editorial Acadêmico
Danilo Rothberg
Luis Fernando Ayerbe
Marcelo Takeshi Yamashita
Maria Cristina Pereira Lima
Milton Terumitsu Sogabe
Newton La Scala Júnior
Pedro Angelo Pagni
Renata Junqueira de Souza
Sandra Aparecida Ferreira
Valéria dos Santos Guimarães

Editores-Adjuntos
Anderson Nobara
Leandro Rodrigues

BRUNO LATOUR

JÚBILO
OU OS TORMENTOS DO DISCURSO RELIGIOSO

Tradução
Rachel Meneguello

© 2013 Éditions La Découverte, Paris
© 2020 Editora Unesp

Título original: *Jubiler ou les tourments de la parole religieuse*

Direitos de publicação reservados à:
Fundação Editora da Unesp (FEU)
Praça da Sé, 108
01001-900 – São Paulo – SP
Tel.: (0xx11) 3242-7171
Fax: (0xx11) 3242-7172
www.editoraunesp.com.br
www.livrariaunesp.com.br
atendimento.editora@unesp.br

Dados Internacionais de Catalogação na Publicação (CIP) de acordo com ISBD
Elaborado por Vagner Rodolfo da Silva – CRB-8/9410

L359j

Latour, Bruno
  Júbilo ou tormentos do discurso religioso / Bruno Latour; traduzido por Rachel Meneguello. – São Paulo: Editora Unesp, 2020.

  Tradução de: *Jubiler ou les tourments de la parole religieuse*
  Inclui bibliografia.
  ISBN: 978-85-393-0823-1

  1. Discurso religioso. 2. Religião. I. Meneguello, Rachel. II. Título.

2020-130   CDD 418
                                                       CDU 801

Editora afiliada:

Asociación de Editoriales Universitarias
de América Latina y el Caribe

Associação Brasileira de
Editoras Universitárias

Para Louis-Noël, Bernadette, Roger, e Jacques *in memoriam*.

Agradecimentos a Mireille, Isabelle, Anne--Nelly, Jean-François, Laure-Emmanuelle, Noëlle-Laetitia, Mickès, Noortje, Luc, Elizabeth, Bernard, Albéna, François, Antoine – para Avril, mil obrigados.

JÚBILO – OU OS TORMENTOS DO DISCURSO RELIGIOSO, é sobre isso que ele quer falar, sobre o que ele não consegue falar: é como se o gato tivesse comido sua língua; um embaraço no discurso; impossível articular; ele não consegue compartilhar aquilo que há muito lhe é tão importante; ele é obrigado a dissimular diante dos pais, dos familiares; ele apenas gagueja. Como confessar aos seus amigos, seus colegas, seus sobrinhos, seus alunos?

Ele se envergonha de não ousar falar e, mesmo assim, querer falar. Envergonha-se também por aqueles que não facilitam a tarefa, afundam-lhe a cabeça na água fingindo socorrê-lo; aqueles que, em vez de uma boia de salvação, atiram palavras pesadas, como uma boia de amarração. Amarrado, ele foi amarrado. Sim, ele vai com frequência à missa de domingo, mas isso não significa nada. Infelizmente não, não significa absolutamente nada; não pode significar nada para ninguém. Não há mais expressão para essas coisas, não há mais tom, tonalidade, regime de discurso, de enunciado. Uma situação torta: ele tem vergonha do que escuta do alto do púlpito quando vai à missa de domingo; mas também tem vergonha do ódio incrédulo ou da indiferença zombeteira daqueles que não ligam a mínima para os que lá estão. Ele tem vergonha quando vai à missa, vergonha quando não ousa dizer que vai. Ele cerra os dentes quando ouve o que se diz lá dentro; mas ferve de raiva quando ouve o que se diz lá fora. Só lhe resta baixar a cabeça, cansado, passivo diante dos horrores e das incompreensões de dentro, tanto como diante dos horrores e das incompreensões de fora; dupla covardia, dupla vergonha, e sempre sem palavras para expressá-la, como se estivesse preso entre duas correntes de sentido contrário cuja resultante o deixa redemoinhando sem sair do lugar.

Não é sobre o religioso que ele quer falar, sobre o fato religioso. Não é sobre essa imensa camada sedimentar de instituições, de direito, de psicologia, de rituais, de políticas, de arte, de culturas, de monumentos, de mitos, daquilo que toma há tempos e em todas as latitudes os agregados de seres humanos obrigados a vincular-se e cuidar daquilo que os agrega – *vínculo e escrúpulo*, os dois sentidos etimológicos da palavra *religio*. Ele apenas quer pôr novamente em movimento a enunciação religiosa, esse hábito tão singular que foi elaborado no curso da história sob a forma da Palavra e do Verbo e que lhe parece, hoje, tão terrivelmente confusa. Ele não quer estudar nem o religioso nem a religião – e ainda menos as religiões. Quer apenas desenterrar uma forma de expressão que antigamente era livre e inventiva, fecunda e salvadora, e agora seca em sua língua assim que ele tenta recuperar o movimento, a agitação, a articulação. Por que será que o que era tão vivo para ele torna-se mortífero quando ele tenta falar sobre isso aos outros – por exemplo, aos seus filhos? Por que monstruosa metamorfose o que tinha tanto sentido torna-se *sem sentido*, como um sopro de palavras que congela sob o frio siberiano nos lábios dos convictos?

Ele precisaria, em primeiro lugar, poder escapar dessa escolha cominatória que o bom senso exige daqueles que se metem a falar de religião: "Mas, afinal, você é crente ou descrente?". Ele gostaria de poder responder: "É como descrente que falo", mas entenderia por "descrente" aquele que não crê mais na crença, o verdadeiro *agnóstico*. Ora, a crença na crença é aquilo que os de dentro compartilham com os de fora, e é dessa forma que eles conseguem distinguir o interior do exterior. Eles não concordam em nada, exceto em marcar a diferença entre uns e outros com o seguinte traço: "Você acredita, eu não acredito". Como podemos dizer que não se trata de crença? E, sobretudo, não crer em algum coisa, em alguém, no impronunciável, no inominável D.? Como podemos fazer o outro entender que a crença ou descrença em D. não faz nenhuma diferença para falar dessas coisas, para falar *a partir* dessas coisas? Que o problema não é esse, que se trata de uma mistura de categorias, de um erro de endereçamento, de uma falha de sintaxe, de uma confusão de gêneros? Sim, nessas coisas de religião (para simplificar, podemos manter o termo), a crença em D. não está envolvida e, em consequência, ela não determina uma fronteira entre os crentes e os descrentes, os fiéis e os infiéis. Isso atrapalha a emissão da mensagem antes mesmo de ela começar. Não surpreende que ele tenha dificuldade em falar, o infeliz, pois para ouvi-lo o outro precisa ser agnóstico: nem indiferente nem cético, mas bem decidido a privar-se do veneno da crença para falar de religião. Quem está disposto a tal ascese?

Especialmente se ele quiser pronunciar a frase sem chocar. E sem chocar *duplamente*: primeiro os fiéis e em seguida os infiéis, primeiro os crentes e em seguida os descrentes, aqueles de dentro e aqueles de fora. Ele sabe que aquele que busca escandalizar faria melhor se amarrasse uma pedra de moinho em torno do pescoço e se jogasse em um lago. Se fosse suficiente escolher um campo, seria fácil, ele colocaria todos em fileira de batalha e atiraria bravamente como qualquer outro. Ou voltaria ao seio de sua santa mãe Igreja, combatendo bravamente os descrentes, lutando contra a indiferença e a heresia, ou se juntaria ao imenso exército dos críticos, esgrimindo contra os pecados da irracionalidade, contra o "ressurgimento dos fundamentalismos" (na retaguarda, longe da linha de frente, como árbitro, jornalista ou cientista, ele poderia contar os pontos). Mas acontece que para ele não há linha de frente. A crença ou a descrença não distingue aqueles que falam de religião daqueles que não falam de religião. Por isso ele não gostaria de escandalizar nem os que guardam a crença na crença em "Deus" como seu bem mais precioso nem os que conservam a crença na descrença em "Deus" como seu direito mais sagrado. Tarefa impossível, é claro, pois eles lutam entre si: o que satisfaz um dos campos necessariamente choca o outro.

Com tais exigências, como ele poderia escrever de forma clara e direta? Ele quer voltar a falar de religião, não acreditar na crença, não escandalizar. Uma canga que lhe pesa sobre os ombros de tal forma que ele perde o pé, debate-se na água lamacenta. Toda vez que começa a falar, ele engasga, sua boca cospe sapos e algas viscosas. Para não ferir, ele precisaria ter pés tão ligeiros que não deixassem rastro na areia, mãos tão hábeis que não se sentisse o bisturi, palavras tão bem escolhidas que, apesar da estranheza, sempre soam corretas. As teclas do seu computador teriam de ser manuseadas por um anjo. O que podem seres terrestres como ele? E, no entanto, ele finalmente se atira na água; é tarde demais para voltar atrás: ou ele nada, ou afunda.

E agora ele precisa remover uma segunda dificuldade, e fazê-lo sem causar nenhuma dor, como uma enfermeira habilidosa que, com um movimento rápido, arranca um curativo doloroso: não apenas o movimento da crença não faz nenhuma diferença, como tampouco o seu objeto, "Deus". Quando os antigos falavam dos deuses, não havia nem crentes nem descrentes. A presença das divindades era tão evidente quanto o ar ou a terra. Elas formavam o tecido comum da vida, a matéria básica de todos os rituais, a referência indiscutível de toda a existência, o usual de todas as conversas. Não é mais assim hoje em dia – ao menos nos países ricos do Ocidente. O tecido comum de nossas vidas, nossa matéria básica, nosso usual, nossa estrutura indiscutível, se existe, é a *inexistência* de deuses sensíveis à oração regendo nossos destinos. Rápido, arranquem o curativo antes que venha a dor: e é muito bom que seja assim! Fala-se tão bem da religião a partir da existência de D.

quanto da inexistência de D. E isso não faz nenhuma diferença, pois não é disso que se trata – ao menos não dessa forma, não com esse tom, não nesse espírito.

Se a intenção fosse realmente traduzir para o vocabulário de hoje aquilo de que falavam os antigos quando pronunciavam a palavra "Deus", seria necessário procurar não um novo ser para substituí-lo, mas algo que propiciasse a todos o mesmo sentimento de familiaridade indiscutível. Para a maior parte dos nossos contemporâneos, expressões como "inexistência de Deus", "banalidade do mundo", "matéria indiferente", "consumo de mercado", seriam bons sinônimos, pois indicam a mesma evidência, o mesmo cotidiano, a mesma facilidade, o mesmo apoio sólido. O discurso religioso se apodera indiferentemente tanto de um como de outro, de "Deus" como de "não Deus", porque precisa partir de uma referência aceita para depois fazê-la balançar e tremer, a fim de que diga coisa muito distinta. Portanto, o sentido da palavra D. não vem do vocábulo escolhido como ponto de partida, mas do estremecimento que vem a seguir. Pouco importa que esse discurso estreie nos tempos antigos com a face familiar de um "Deus" misericordioso ao qual as pessoas podem se dirigir através dos rituais ou, como no presente, com um "não Deus" surdo aos rituais ao qual elas seriam loucas de orar: interessa apenas a que ele submeterá essa prova de bom senso, a extraordinária torção que as certezas comuns experimentarão. Confundir a crença (ou a descrença) em "Deus" com a exigência religiosa é tomar a decoração pela sala, a abertura pela ópera. Pouco importa o que está no princípio: interessa apenas o que vem depois.

Pronto, ele emaranhou a meada. Antes mesmo de começar, provavelmente já chocou tanto os de dentro como os de fora. "O quê!", exclamarão em conjunto. "Não é de Deus que trata a religião?" Não, mas temos de refletir e voltar duas vezes à questão. É impossível simplificar. Não há caminho retilíneo. Não há inspiração angélica, não há musas sussurrando nos nossos ouvidos. Não há fonte límpida de águas puras brotando sob os nossos pés. Já que queremos voltar a falar dessas coisas, temos de desenvolver capacidades de *discernimento* que só se obtêm por macerações sucessivas, pela repetição obstinada dos rituais, pela busca implacável de conceitos adequados. Nesses assuntos, não podemos confiar na intuição. E, no entanto, exigência adicional e contraditória, não podemos nos perder em complicações inúteis: uma criança de sete anos deve ser capaz de compreender. Cada palavra deve ser de uma simplicidade bíblica (se bem que quem criou o adjetivo não deve ter lido as Escrituras....). Podemos entender por que tantas pessoas evitam esse impossível jogo de linguagem, desistem com um encolher de ombros. É melhor calar-se, ou repetir, ou zombar. Não há mais como dizer de que se trata. Ou melhor, tiraram de nós os meios de falar de forma simples e sutil das coisas religiosas. Elas se tornaram ou complicadas, arqueológicas e eruditas, ou tão tolas, beatas e simplistas que só podemos chorar de pena. Como voltar para trás a partir dessa bifurcação, como refazer o caminho que leva a essa encruzilhada?

Talvez a exigência de não escandalizar seja tão forte que é necessário suspendê-la para poder falar um pouco mais livremente. É que existem escândalos verdadeiros e falsos, traduções verdadeiras e falsas, e temos de saber discernir umas das outras, sem isso não há enunciado audível. Diferenciar, contrastar, verificar, aceitar, rejeitar, não existe outro caminho. Não há veridição sem uma seleção meticulosa. Existem escândalos artificiais que devem ser destacados, mesmo que isso choque aqueles que os consideram a essência de sua fé. Na religião, como na ciência, há *artefatos* que devem ser cuidadosamente desfabricados. É que o tempo passa, e as palavras que tinham um sentido o perdem. Ora, aqueles cujo ofício é mudar as palavras para manter o sentido, os clérigos, preferiram conservar devotamente as palavras mesmo sob o risco de perderem o sentido; eles nos deixaram a nós, os retardatários, os ignaros, os balbuciantes, equipados com palavras que se tornaram falsas para compilar as coisas verdadeiras que nos importam muito.

Por exemplo, a palavra "Deus", que servia antigamente de premissa a todos os argumentos, eles poderiam ter traduzido, quando as formas de vida mudaram, por "estrutura indiscutível da existência comum", para que pudéssemos continuar a compreender que o que ela designava era a preliminar e o prelúdio de uma conversão de sentido. Mas, em vez dessa tradução contínua, indolor, progressiva, eles se agarraram com todas as forças ao vocábulo "Deus" e lhe opuseram o "não Deus", sem ver que se tratava de duas formas muito pouco diferentes de *God*, *Dieu* ou *Theos* para traduzir o mesmo cotidiano. Acreditando proteger a herança que receberam, eles a dilapidaram. Acreditando fazer o certo e proteger "Deus" contra a "maré do ateísmo", eles não viram que, gradualmente, nesse lento deslocamento das placas tectônicas, eles substituíam pouco a pouco uma palavra por outra. O termo conservado tempo demais se tornara um escândalo, e exalava um odor pestilento. Antes uma preliminar inócua, tornou-se um obstáculo maior à compreensão. Se no passado ninguém recuava diante da palavra "Deus" quando era compartilhada como início de todos os discursos, eles fizeram dela o obstáculo que lhes permitiria julgar a lealdade dos fiéis. Daquilo que não fazia ninguém vacilar, eles fizeram um escândalo. Infelizmente, eles levaram ainda mais longe a perversidade: acreditaram que esse escândalo produzido artificialmente era positivo, que seriam recompensados à altura da força com que preservaram o antigo termo "contra as indignidades, os desvios, os comprometimentos da época", que teriam a segurança de morrer em estado de perfeição espiritual, e que por isso seriam julgados no dia do Juízo Final. Eles se acreditaram fiéis justamente quando abandonaram o sentido (preliminar familiar daquilo que nos mantém unidos) que passava lentamente, sub-repticiamente, progressivamente, do antigo vocábulo "Deus" à sua nova formulação "não Deus". Eles deveriam, ao contrário, ter se jogado com todos os seus bens no novo jogo de linguagem, antes que fosse tarde demais; para preservar a palavra, eles perderam o tesouro que o novo vocábulo deveria abrigar. Aquele que quiser salvar a sua vida vai perdê-la.

Para resgatar a língua, para reaprender desajeitadamente a falar direito, deveríamos poder dizer: o ateísmo é um ponto de partida tão perfeito quanto a crença "em Deus". E é até mesmo um ponto de partida preferível a qualquer invocação atual a um "Deus" cuja forma de vida passou, pois ele fornece a estrutura indiscutível da ação comum e é mais próximo do que era a expressão "Deus misericordioso" do tempo em que as pessoas estendiam as mãos para o céu diante do infortúnio. Mas como pronunciar essa frase sem escandalizar aqueles para quem "Deus" é uma evidência e aqueles para quem "não Deus" é uma evidência – os primeiros porque acreditam que apenas o início é importante, os segundos porque não querem escutar a continuação? Ele se comprometeu a não chocar nas duas frentes; portanto, deve evitar tanto as novidades ímpias quanto a horrível apologética, discernindo ao mesmo tempo, e com o maior cuidado, os choques necessários à compreensão da mensagem e os escândalos artificiais que dificultam a compreensão da mensagem. De tanto acumular todas essas exigências contraditórias, ele acabará mudo; de tanto forçar os olhos para distinguir os falsos escândalos dos verdadeiros, ele acabará míope. Entretanto, não há solução senão avançar. O sentido se perde se paramos de registrá-lo, de compilá-lo – *religere* diz o latim para falar de religião. Mas, para isso, temos de retomar tudo do início, dizer as mesmas coisas em outro idioma – sim, as mesmas coisas; sim, em outro idioma. Necessariamente, na primeira audição, toda nova retomada de um tema antigo parece estridente, insuportável, inaudível, cacofônica. Temos primeiro de habituar nossos ouvidos à nova sonoridade, à repetição em um novo tom da mesma e exata velha melodia.

"Não existe Deus", diz o homem sensato em seu coração, e é muito bom que seja assim: tudo fica mais claro, mais preciso, mais definido. E, portanto, não há mais crença *em* D. Esse é o ponto mais delicado; sua língua volta a se bifurcar, bifurca como os pés do diabo, à beira da perdição, e, no entanto, ele tem de atravessar o caminho perigoso, passar pela porta estreita: não podemos mais nos dirigir com um *vocativo* a alguém que nos ouviria, nos escutaria e nos consolaria. Não somos mais aquelas crianças que falam alto na escuridão para não sentir medo. O "Deus" que se invocava antigamente não tem mais mãos, olhos, ouvidos, e sua boca está selada para sempre.

Quando eu falo, solitário, na igrejinha de Montcombroux construída no ano mil, é minha voz que eu ouço, apenas a minha voz, e, infelizmente, me faltam palavras, pois nenhuma das preces oferecidas ao peregrino nos cartões corroídos pela umidade correspondem mais ao jogo de linguagem no qual desejo entrar. Seria tão fácil cair em lágrimas diante de uma coluna e, fraquejando, me entregar à invocação: "Ó, 'meu Deus', escutai a minha prece" – mas que mentira, que farsa, porque eu perderia aqueles que não me seguiram até a nave, aqueles que ririam de mim, aqueles que acreditam que eu creio, invoco e rezo. E é a eles igualmente que devo continuar a me dirigir. Preciso resistir à tentação. Tenho mais que fazer do que voltar para o rebanho, pois não foi uma ovelha que se desgarrou, mas todo o rebanho que se perdeu no caminho, junto com a pastagem, com o vale, com a montanha, com todo o continente; sim, cabe ao pastor reunir o rebanho, cabe ao aprisco, à fazenda, ao vilarejo se pôr a caminho para recuperar o tempo perdido, recuperar a Terra prometida que eles deixaram para trás. É minha culpa se me obrigam a me dirigir em prece ao "não Deus", como no tempo em que se dava como certa a presença consoladora de um "Deus"? É minha culpa se exigem de mim que eu profira no silêncio de uma igreja de interior as mesmas palavras que mil anos atrás animavam os camponeses do Bourbonnais que vinham pedir proteção aos seus rebanhos na festa das Rogações? O mundo "perdeu a fé", como dizem? Não, a "Fé" perdeu o mundo.

A segunda pessoa do singular tinha uma força de evidência que não tem mais. A invocação seca na minha língua. Não passa. Fica atravessada na minha garganta. O que fazer então? Ir embora? Admirar o arco romano? Devo lamentar as restaurações? Estetizar? Historicizar? Turistizar? Mitologizar? Desmitologizar? Não, espere um pouco, tente novamente, volte a sentar-se. Consigo murmurar, tremendo de medo e de ridículo: "Eu me dirijo a ti, tu que não existes. Eu me dirijo somente a mim, eu que também não existo, e sei que não sou mais dono e senhor das minhas palavras, que tu não tens presença fora da minha voz trêmula, que gagueja sob o arco".

Podemos nos ouvir a esse preço? Podemos nos ouvir falar? É um duplo abandono: o do impossível vocativo desde que o "não Deus" reside na terra; e o do domínio da língua por um sujeito livre e em pleno controle de si mesmo. É evidente que sou eu e somente eu que fala: você me toma por um louco que acredita falar com um ausente que lhe responde pela intermediação das pedras silenciosas? É claro que não sou eu que falo quando falo: você me toma por um louco que se ilude com a transparência de si mesmo, e que sabe com antecedência o que vai sair da sua boca? Não é antes, não é acima, não é dentro, mas ao lado, atravessado, enrolado em meu ato discursivo hesitante que uma outra hesitação me tira a razão. Não, não é o eco das minhas palavras, pois o eco repete o que gritei, simplesmente amplificado ou deformado; não, não é ventriloquismo, pois o ilusionista domina as duas vozes, a dele e a que ele sabe habilmente projetar no outro corpo; não, não é a má-fé que me faria tomar por uma voz estranha o que uma outra parte de mim pronuncia em voz baixa. Ninguém fala a não ser eu mesmo, mas aí é que está: o eu mesmo está distorcido, dessemelhante de si próprio, surpreso, ligeiramente alienado, ou melhor, *alterado*. O que aconteceu? Coisas bizarras são ditas dentro dele. Como vou exprimir minha surpresa diante dessas palavras que pronuncio sem saber que vou dizê-las?

Compadeça-se da minha miséria: para articular o primeiro jogo de linguagem, o do "Deus" consolador, os fiéis têm à sua disposição seis mil anos de poetas, pregadores, salmistas inspirados; para articular o segundo, o do não domínio da palavra, eu não tenho nada, nem um breviário, nem um livro de salmos, nem um livro de cantos, nem uma mísera imagem, nada além de mim mesmo que não sou nada – nem mesmo crente. E, no entanto, o antigo vocativo se tornou impronunciável, insituável, injustificável – exceto no acanhado aprisco, entre aqueles que têm o hábito de rezar entre si. Ora, é do novo que eu preciso, é do livro de salmos que ninguém versejou, da coleção de cantos que ninguém compilou, das imagens piedosas que ninguém coloriu. Não surpreende que eu morra de sede, que a minha língua colada na poeira grude no céu da minha boca. Todas as palavras que me oferecem para eu me introduzir na oração supõem uma aquiescência prévia a uma língua que se tornou estranha. Não é o objeto da prece que ficou no passado, é a forma da prece que caducou. E se eu me decidisse afinal a ler os ingênuos textos escritos sob as feias estátuas de gesso, eu me tornaria duplamente impostor: se eu as pronunciasse, embora elas não tenham mais sentido; se eu não as pronunciasse, embora eu esteja sozinho na igreja, no verão, orando sem oração diante dos ícones. Se eu falar ou se eu me calar, sou forçado a blasfemar: eu pronuncio em vão o nome de D.

Você que está no interior, não condene impensadamente a minha falta de fé; você que está no exterior, não zombe precipitadamente do meu excesso de credulidade; você que é indiferente, não ironize descuidadamente as minhas perpétuas hesitações. Considerem todas as *dívidas* que devo pagar, além das palavras, das fórmulas, das formas de expressão que tiro do meu escasso fundo: sim, os atrasos, as dívidas, os déficits, os não pagos de tradução. As mudanças de época fizeram as camadas de discurso deslizar lentamente, inexoravelmente, tal como as placas rochosas da falha de San Andreas, de modo que hoje uma metade da igreja está a dezenas de metros de distância da outra metade. Existem apenas duas ruínas: uma para abrigar as pessoas do interior, a outra servindo apenas para expulsar as pessoas do exterior. Há quantos séculos você parou de reformar a nave para impedir que ela desmoronasse? Há quantos séculos parou de calçá-la e descalçá-la para acompanhar com esse movimento incessante o lento desgaste que deforma cada vez mais as bordas escancaradas da falha? Dois, três, quatro, dez séculos? Ainda que tivesse esperado dez anos, dois anos ou dois dias, já seria tempo suficiente para o edifício se fissurar. Mas vários séculos? Você consegue calcular o tamanho da perda? Você consegue imaginar a montanha de dívidas que isso representa? Como você quer que eu pague, sozinho, a indenização pelo atraso, que eu resgate esse rombo vertiginoso nas contas? A igreja não está mais unida, as palavras não têm mais sentido.

Ao parar de traduzir, paramos de conservar, e isso danificou a máquina de discursos, a máquina de orações. É isso que devemos analisar, esse acidente de percurso, para ver se é possível consertar a máquina, a máquina da religião. É a única maneira de eu pagar as minhas dívidas e começar a cobrir o imenso déficit que assumi. Ele não é meu? Não sou responsável por ele? É claro que sou! Porque, após tanto tempo de hesitação, estou tentando de novo remoer as palavras dentro da minha boca, mover a manada que tenho na língua. Aliás, é a minha herança, vim reclamá-la, e pior para mim se a encontro afundada em hipotecas. Quando as dívidas forem apuradas, o tesouro que me legaram as reembolsará cem vezes, tenho certeza. Já vejo o ouro brilhando nos gestos transmitidos, já ouço o tilintar das maravilhas guardadas no cofre, mesmo que ele vá de missa em missa sem que os seus comentadores o compreendam mais do que os transportadores de valores lucram com os milhões que eles escoltam sob o risco de sua própria vida. No tempo do ensino do desprezo,[1] os escultores medievais representavam a Sinagoga de olhos vendados, transmitindo aos cristãos o Livro que ela não conseguia mais compreender após o ter redigido. Com quais

---

1 O ensino do desprezo consistiu na divulgação pelo cristianismo desde a Idade Média de uma imagem degradante dos judeus e do judaísmo, tendo como fases culminantes as Cruzadas e a Inquisição. (N. T.)

máscaras espessas, com quais véus e catafalcos as Igrejas deveriam ser representadas, hoje, transmitindo o tesouro das Escrituras que elas não querem mais interpretar?

E, no entanto, as Escrituras são muito bem e fielmente transmitidas. Todos podem ouvi-las. Mas depois começa o sermão – e o ouvinte oprimido gostaria de fugir o mais rápido possível, pois teme descobrir que fez um péssimo negócio ao aceitar a herança. Pensa com seus botões que a deveria ter recusado, como fizeram tantas pessoas das quais ele começa a admirar a sabedoria, a argúcia, a retidão – ou, em todo caso, o tino para os negócios. Como tiveram razão em abandonar a religião à própria sorte! Se é necessário suportar tais interpretações, tais pieguices, entulhar o sótão com tanta quinquilharia, então é melhor deixar que o precioso depósito seja vendido em leilão. E, no entanto, um segundo depois sou fisgado de novo. O ouro brilha novamente sob as tolices. Recupero a confiança, decidido a compreender o mistério desse dispositivo tão torto, tão instável, tão inconstante. Não, decididamente, nenhuma montanha de dívidas me fará abandonar a minha herança. Cobiço o tesouro escondido tanto para os de dentro como para os de fora, tanto para os vendedores que desconhecem o valor do que oferecem como para os compradores que zombam dessas velharias de mercado de pulgas.

O mecanismo da máquina não pode ser tão complicado: "Evite a paráfrase e não se desvie do assunto", é o que todo estudante ouve da boca do mestre ao redigir seu primeiro comentário de texto. Ou ele repisa, ou repete; ou diz a mesma coisa uma segunda vez, ou diz a mesma coisa de outro jeito – a menos que se perca em considerações desnecessárias. Não há interpretação sem renovação. Nenhuma palavra é repetida tal qual, mas o sentido circula de novo. Assim, para traduzir "Deus misericordioso" em um idioma compreensível hoje, deveríamos falar de "estrutura indiscutível do cotidiano comum"; repetir o vocábulo "Deus" seria paráfrase e repetição, pois o sentido do que queremos dizer se perdeu: a referência segura de nossa existência comum. Nós nos acreditamos fiéis, mas traímos o sentido. Infringimos o segundo mandamento: "Não pronunciarás o nome de D. em vão". Quem sobrevive a essa terrível injunção? Como podemos não tremer diante da falsidade, da pretensão das nossas invocações, se nos perdemos na tradução, na repetição, na renovação do santo nome? Se com a nossa língua bifurcada tomamos a palavra repisada pela palavra repetida, a palavra parafraseada pela palavra comentada, a palavra (aparentemente) fiel pela palavra (realmente) fiel, a palavra (realmente) infiel pela palavra (aparentemente) infiel?

"Tudo isso é muito bonito", replica friamente o aluno encarregado de redigir um comentário de texto, "mas como eu faço, eu, para distinguir a paráfrase inútil da interpretação fecunda?" Silêncio do professor. Não há regra. Não há truque. Toda vez se corre um risco diferente. A diferença entre repisar e repetir é tão sutil que apenas um anjo pode penetrá-la, e nessas nuances infinitesimais o diabo também pode se insinuar: *Lapsus calami*. Se traí seriamente? Sustento que me prendi ao sentido que recolhi, recomposto com outras fórmulas, com outros termos, não apenas diferentes, mas contrários aos do início. Invoco a diferença entre a letra que mata e o espírito que vivifica; mas se abandono a repetição palavra por palavra dos mesmos vocábulos, se solto o apoio seguro da rampa, como posso estar certo de que a *transformação* que operei manteve o sentido *intacto*? E se perdi o sentido no caminho, se troquei o certo pelo incerto, extraviei tanto o espírito quanto a letra? O discernimento me falhou. É nesse momento que invoco o nome de D. em vão. Se realmente escandalizei, não valho o preço da corda que vai me enforcar.

Não posso me safar fingindo que existem regras seguras para traduzir ou, ao contrário, que se trata de um mistério impenetrável, eternamente indizível, que se deve confiar a autoridades superiores: preciso compreender o que significa uma *transformação pela tradução que mantém o sentido intacto*. Esse é o preço do conserto da máquina. Não é obscuro, mas é sutil. Ou melhor, essa sutileza infantil se tornou obscura por causa das dívidas de tradução que os investidos de poderes, nossos tutores, se esqueceram de pagar, transmitindo nossos bens atolados em hipotecas. Podemos resgatar essas hipotecas?

Novamente as palavras lhe faltam, mas dessa vez porque ele deve falar de *ciência* e não mais de religião, e essa forma de discurso, embora tão moderno, tão prestigioso, é muito mal compreendido, mais desconhecido do que o outro. De fato, há pelo menos quatro séculos emprestamos das ciências o modelo das transformações que mantêm nossas relações intactas. Desloque um cubo desenhado no espaço da geometria descritiva e você poderá virá-lo, recortá-lo, projetá-lo e nenhuma de suas relações será perdida, mesmo que a cada vez a aparência seja alterada. A produção assistida por computador, os efeitos especiais dos filmes, as telas de GPS nos táxis equipados com cartografia informática nos familiarizaram com esses espaços de transformações. A forma é sempre diferente, mas algo – as constantes – se mantêm através dessas deformações. Da humilde perspectiva profunda dos quadros renascentistas às transformações sublimes da relatividade geral, o objetivo é sempre abandonar as matérias perecíveis para preservar intacta uma constante formal considerada a única essencial, no mais das vezes calculável. É apenas a esse preço que se obtém a *in-formação* sobre algo, ou seja, precisamente o que se mantém *na forma*, enquanto se joga pouco a pouco o que se torna, por contraste, a matéria.

O mapa não se parece com o território, mas conserva certas relações – os ângulos, as proporções, os nomes dos lugares, as convenções de escrita – que, por tradução inversa, possibilitam nos sentirmos em país conhecido quando estamos em campo. A placa "Montcombroux-le-Vieux 1,5 km" não se parece em nada com o mapa da França, ou com o caminho sinuoso que leva até lá, e, no entanto, os três elementos seguidos, encadeados um no outro, conservam, graças a diversos documentos e inscrições, as relações de distância que posso verificar enquanto suo em cima da bicicleta.

O olhar, saltando de um rabisco para outro, desenha um caminho de referência. O enunciado "1,5 km" *refere-se* tão perfeitamente a algo fora dele que permite chegar até ele em pensamento, oferecendo antecipadamente um acesso a um percurso que o ciclista não conhecia. Esse enunciando possui um valor de verdade. Graças a tais séries de documentos, é possível conhecer, dominar; dominamos pela visão, abraçamos com o olhar; começamos a pronunciar, sobre o mundo, enunciados verificáveis, porque podemos dizer se a frase é verdadeira ou falsa.

É assim que a tradução religiosa funciona? É dessa forma que o aluno deve fazer o comentário funcionar? É claro que não, e é aí que as coisas se complicam terrivelmente ou, mais exatamente, se *deformam* monstruosamente, como em uma anamorfose. É o caso de admitir sem demora: não há informação em matéria de religião, não há manutenção de constantes, não há transferência de relações intactas através da cascata de transformações. E, portanto, infelizmente, não há conhecimento como aquele que é dado por um simples mapa, não há ciência, referência, acesso, controle, domínio, nada que se possa dominar com o olhar. É inútil tentar trapacear com a regra: a relação de um texto religioso com aquilo de que ele fala não é a mesma do mapa com o território. Nem mesmo o de um mapa secreto, criptografado, alterado, voluntariamente dissimulado, com um mundo distante e vagamente percebido. É muito simples: aqueles textos, aquelas palavras, não dão *acesso* ao que quer que seja; eles não são o primeiro elo de uma cadeia de referências que no final, se todos os elos estivessem solidamente conectados, permitiria nos encontrarmos em terreno conhecido, sabendo com antecedência do que se trata. Não se tem controle sobre o mundo graças a um documento que teria preservado as relações do mundo. Não se tem poder. Não se têm pistas. E tampouco caminho de volta. Enquanto seguimos as longas vias de informação, subindo e descendo do mapa para o território e do território para o mapa, preenchendo o espaço com sinais, pontos e referências para diminuir cada vez mais a distância entre as camadas sucessivas de matéria, assegurando assim, graças a uma malha cada vez mais fechada, a manutenção das relações de forma, não podemos retomar a tradução religiosa, percorrer de volta o caminho para amenizar o choque, atenuar o abismo, diminuir o desacordo. É impossível fechar os olhos: a informação não utiliza os mesmos veículos, os mesmos canais, os mesmos encadeamentos que as palavras que modificam, alteram, agitam. Não existe um valor de verdade calculável por um sim ou por um não – ou, pelo menos, não esse gênero de cálculo, não esse gênero de valor, não esse gênero de verdade, esse gênero de sim e não.

Mas por que haveria conflito entre os encadeamentos da referência científica e os encadeamentos da tradução religiosa? Entre a busca de constantes graças à produção de informações confiáveis e a busca de versões capazes de recriar a mensagem original? Esses percursos nunca deveriam ter se encontrado. É impossível resgatar a palavra sem acabar com essa comédia de erros que fez da ciência o inimigo íntimo da religião. Essas duas formas de enunciação dependem de um trabalho de resultados tão frágeis, deixam rastros tão sutis, ocupam o espaço-tempo de forma tão diferente, criam nichos ecológicos tão incomensuráveis que elas têm tanto motivo para brigar entre si quanto as toupeiras com os sapos. Isso sem contar com um terceiro ladrão que, por estupidez, se enganou a respeito das tarefas recíprocas tanto das ciências quanto da religião e as forçou a entrar em guerras absurdas. Em homenagem aos mouses dos computadores, poderíamos chamar essa louca da casa de *comunicação duplo clique*.

As ciências, no plural, as verdadeiras, aquelas com que se pode estudar a vida de laboratório, as equipes, os equipamentos, praticam uma forma arriscada de encadeamento: cada produção nasce de uma transformação dolorosa, porque o enunciado nunca se assemelha ao que ele se refere. Mas, para a comunicação duplo clique, todas as dificuldades se dissipam, todos os caminhos se aplainam:

a informação torna-se comunicação fiel, sem qualquer transformação, por simples semelhança evidente entre a cópia e o original. Isso é pura fantasmagoria, evidentemente: nenhuma ciência seria possível através de imitação, transparência e fidelidade. E, no entanto, por causa de uma história que não cabe relatar aqui, esse tipo de comunicação, com o nome de "*a* Ciência", tomou o lugar *das* ciências, dissimulando suas prodigiosas transformações. A comunicação duplo clique, esse acesso imediato e sem custo, essa transmissão que parece não exigir nenhuma transformação, acabou se tornando, para os nossos contemporâneos, o modelo de toda comunicação possível, o ideal, o padrão de todo deslocamento, o juiz de toda fidelidade, a garantia de toda verdade. É com relação a essa transparência mirífica que serão avaliadas todas as outras transmissões. E em primeiríssimo lugar, é claro, o discurso religioso, que se tornará lamentável por comparação com esse ideal, pois não pode transmitir nada sem transformar profundamente. Mas que ninguém se engane: por causa disso, as próprias ciências, essas formidáveis produções das quais temos tanto orgulho, se tivéssemos de julgá-las pelo padrão da comunicação duplo clique, seriam tão inverídicas, infiéis, opacas, manipuladoras, deformadas e artificiais quanto a enunciação religiosa. Por razões políticas ligadas à organização do mundo moderno, elas apenas tiveram a sorte de ninguém nunca ter se preocupado em descrevê-las – até muito recentemente.

Para voltar à religião, outros, mais dignos do que ele, receberam inspiração do alto, feridas secretas lhes marcaram o flanco, ou algum óleo santo lhes untou a testa. Ele, porém, ninguém o indicou, ninguém lhe deu um mandato, a não ser a certeza de que, modificando a versão comum das ciências como ele fez (como acredita ter feito), todo o resto pode ser modificado – e, em primeiro lugar, a religião. O que o autoriza a falar, o que lhe dá coragem para empreender essa tarefa impossível é que ele explorou as ciências e suas transformações onde seus predecessores apenas viam a Ciência e a comunicação duplo clique. Segundo ele, nunca houve, até aqui, uma comparação crível entre as formas científicas e as formas religiosas de enunciação. O palco sempre foi ocupado pela comunicação. Ora, esta apenas ridiculariza as formas de transmissão que pagavam seus deslocamentos com imensas e perigosas transformações. E, de fato, em contraste com uma forma de verdade que se desloca sem pagar, todas as outras parecem grosseiras e falsificadoras, pois penam e suam em caminhos pedregosos, como verdadeiras campônias, tal como um burrico carregado de madeira que um trem de alta velocidade ultrapassa assobiando.

Mas o que acontece se pararmos de medi-los pelo padrão da comunicação duplo clique e compararmos entre eles esses dois modos de deslocamento: o das ciências, por transformação e informação, e o da religião, por transformação e tradução? Que lugar ocupa a pronunciação religiosa quando não é mais comparada à Ciência, mas às ciências que o autor estuda há 25 anos? Em qual nova ecologia essas duas formas de prática podem se desdobrar e se distanciar uma da outra? Ele afirma ser um dos únicos a poder falar novamente de religião, porque é agnóstico tanto em matéria de Ciência como de crença. A maior parte dos outros (quando não se lixam do tema como do ano mil) desejam, por ofensiva apologética, estender a Ciência ao terreno da religião ou, em defensiva apologética, proteger a Ciência do território da religião. Ele – apenas ele? – não acredita que exista território, porque as ciências não ocupam o mundo com superfícies vermelhas ou verdes, como os impérios nos mapas de geografia; elas se alojam de outra forma: ao longo de estreitos condutores que elas perfuram do interior, digerindo-os como cupins. Por outro lado, ele sabe que a fé cega na Ciência exerce sobre a mente uma dominação tão poderosa que não há qualquer chance de ele ser ouvido. Isso porque, sem mandato e sem autoridade, ele avança titubeando, passando de forma brutal, como todo ciclotímico, da megalomania à "micromania". Uma voz grita no deserto.

Felizmente, todos nós temos a experiência cotidiana de maneiras de falar que a comunicação duplo clique não governa. Imagine um amante que responde à pergunta: "Você me ama?" com a frase: "Mas é claro, você já sabe, eu lhe disse no ano passado". (Podemos até mesmo imaginar que ele tenha registrado essa frase memorável num gravador e que, como única resposta, apenas aperte o *replay*, apresentando uma prova irrefutável de que ele ama verdadeiramente...) Há testemunho mais incisivo de que ele deixou de amar? Ele tomou a demanda amorosa por um pedido de informação, como se ousasse abrir caminho através do espaço-tempo e, por intermediação de um documento, de um mapa, voltasse ao território distante daquele dia em que se declarou oficialmente. Pela qualidade da resposta, qualquer espectador imparcial compreenderia que o amante não entendeu nada. A amante não estava lhe perguntando se ele a *amou*, mas se ele a *ama* naquele momento. Essa é a sua demanda, a sua súplica, esse é o seu desafio.

Ora, pode muito bem ser que o amante, se conseguir realizar o ato de linguagem que exigem dele, pronuncie como resposta uma frase que se assemelhe palavra por palavra àquela que ele disse um ano antes. Comparando os dois registros, não se verificaria nenhuma diferença de forma: o conteúdo informacional, para falar como os informáticos, seria nulo. Inversamente, o amante pode conseguir exprimir o mesmo amor, não mais pela repetição da fórmula, mas por qualquer outra coisa sem nenhuma relação de *semelhança* com a frase que lhe pedem que repita: um gesto, uma atenção, um olhar, uma brincadeira, um tremor da glote. Nos dois casos, a relação não é mais aquela de um mapa com um território através da cascata de transformações que mantém uma constante. Ou ela *dissocia* frases que se assemelham palavra por palavra, mas querem dizer outra coisa pelo movimento que as capturou, ou ela torna sinônimas expressões distintas através das formas de discurso que não têm nenhuma semelhança entre si. Quando se fala de amor, letra e espírito tomam cada um o seu caminho.

Assim, não é à frase mesma que a amante se apegará, nem à sua semelhança ou dessemelhança, mas ao *tom*, à maneira, à forma com que o amante retomará o velho tema desgastado. Com uma precisão admirável, quase no momento exato, ela saberá discernir se o velho refrão capturou o novo sentido que ela esperava, se ele renovou naquele momento o amor de seu amante, ou se sob os vocábulos usados transparecem a fadiga e o tédio de uma relação que terminou há muito tempo. Nenhuma informação é transmitida pela frase e, no entanto, ela, a amante, sente-se ou não enlevada, transformada, ligeiramente mexida, modificada, rearranjada, ou, ao contrário, distanciada, esquecida, desprezada, humilhada. Portanto, existem frases pronunciadas todos os dias cujo objetivo principal não é estabelecer referências, mas que procuram produzir uma coisa muito diferente: o *próximo* ou o *distante*, a proximidade ou o distanciamento. Quem nunca teve essa experiência?

Como não sentir que seria uma fraude julgar essa exigência de discurso unicamente à luz de uma comunicação sem deformação? Obviamente, sempre resta um pouco de referência retida no discurso amoroso; informações essenciais são transmitidas a respeito do estado íntimo, da psicologia, da sinceridade dos interlocutores, do mesmo modo que, inversamente, na mais rigorosa informação há sempre um oferecimento de proximidade ou distanciamento – alguns veem encanto até mesmo na voz mecânica do relógio falante. Mas aqui convém realçar os contrastes, apontar em cada enunciação o que ela transporta de seu, o seu comprimento de onda específico, mesmo que tenhamos de reconhecer mais tarde as interferências e os harmônicos. Por mais misturadas que sejam na prática comum, suas condições de felicidade (como se diz na filosofia da linguagem) são incomensuráveis. Ambas julgam com um discernimento implacável o verdadeiro e o falso, mas acontece que elas não têm a mesma definição do verdadeiro e do falso. O que uma entende por verdade a outra considera uma deformação escandalosa, e vice-versa. Não é possível nem mesmo traduzi-las em uma linguagem superior que as abarque igualmente, porque a definição de uma e de outra do que significa "transformação", "deformação", "mentira", "verdade", "transferência", "fidelidade" e "infidelidade" varia em função do regime de enunciação, da clave indicada no início da partitura (sem esquecer os termos "comparação", "superior" e "compreensão", que diferem de uma forma para outra). Aí está por que é tão difícil resgatar o discurso quando a comunicação duplo clique reina soberana: não compreendemos mais até que ponto não nos compreendemos.

Longe de querer encobrir sub-repticiamente essa distinção, convém, ao contrário, realçá-la, explorá-la, familiarizar-se com ela de todas as maneiras possíveis, pois esse é o único modo de não causar escândalo quando for necessário tirar a inevitável conclusão dessa diferença entre os regimes de discurso: os discursos que dizemos religiosos *não possuem nenhuma referência* – não mais do que os diálogos amorosos. Claro, eles têm uma garantia, compilam algo essencial; pronunciados com conhecimento de causa, não são nem vãos nem vazios. Eles possuem um referencial no sentido comum do termo. Contudo, não possuem referencial no sentido preciso que o estudo das ciências definiu: eles não destilam informações através de uma cadeia de documentos organizados em que cada um serve de matéria para dar forma ao seguinte. É que, com essas frases tão misteriosas quanto banais, a intenção é aproximar-se e não distanciar-se. Eles não proporcionam acesso. Eles não instruem nada sobre nada. Eles não conduzem, não dão ensejo para influência alguma. *Não se vai a parte alguma* com eles, não há deslocamento algum quando se usa o veículo, a intermediação dos enunciados, das palavras, dos textos, dos rituais religiosos. O número discado não existe.

E é melhor assim, porque não é disso que se trata. Nada fez os discursos religiosos mais inaudíveis, mais impronunciáveis do que esse hábito ímpio de fingir que eles também podiam seguir o caminho da referência, mas de forma um pouco menos límpida, um pouco menos clara, um pouco menos demonstrável. Como se fosse necessário juntar a transmissão de mensagens obscuras e codificadas às transmissões de mensagens claras e distintas. Como se os enunciados diferissem somente pelo objetivo a ser alcançado, mas no fundo são compostos pelos mesmos materiais, perfilados para as mesmas viagens ao longo dos mesmos caminhos. Como se fosse possível juntar uma produção de informação sobre o que *não se pode* experimentar e verificar à produção de informação que se pode experimentar e verificar percorrendo cascatas de referências; como se ainda fosse possível falar de informação ou de quase informação, mesmo que não exista *nenhum* caminho assegurado que permita conservar uma constante através das deformações sucessivas. Essa é a origem infeliz da crença, a crença da qual decidimos prescindir.

Tomada no sentido de confiança, todos concordam que a crença é tão indispensável quanto o ar que respiramos. É preciso dar crédito se queremos mudar, viver, pensar, falar. O agnóstico, nesse sentido, seria um louco associal, um autista. Mas tomada no sentido de *uma exigência de acesso que foi privada de meios práticos de acesso ao que quer que seja*, a crença é um artefato engendrado pelo conflito, ele próprio artificial, entre a Ciência e a religião. Assim, nada é mais indispensável do que tornar-se agnóstico. É como se, para defender-se da influência "nociva" da Ciência, a religião tivesse querido imitá-la indo mais alto e mais longe, mas preservando o mesmo veículo. Nós nos livramos do fardo supérfluo da crença assim que colocamos o crente diante de uma escolha: ou você procura o acesso ao distante, e dá a si mesmo os meios de encontrá-lo através do escalonamento das formas capazes de colher a informação; ou você procura não acessar o distante, mas aproximar-se daquele a quem você se dirige, e nesse caso o que você colhe nunca será informação. Confundir os dois é cometer um erro tão grande quanto aquele do amante que se equivoca com a pergunta: "Você me ama?". Não há solução intermediária, não há compromisso equilibrado.

Por que a crença na crença faz que qualquer resgate do discurso religioso seja impossível? Porque ela faz o pensamento se perder em um mundo virtual, aquele ao qual "poderíamos" ter acesso "se ao menos" tivéssemos os meios que as cadeias de informação têm, mas que justamente a crença jamais terá. É esse passe de mágica e apenas ele que engendra a ilusão de um outro mundo ao qual apenas o discurso religioso, por algum truque milagroso, daria acesso. Ousaram até mesmo imaginar uma corrida, uma competição, um campeonato entre o discurso informacional e o discurso religioso para ver qual iria mais longe, qual levaria mais longe. Como se essa lebre e essa tartaruga pudessem se medir no mesmo terreno, no da velocidade e do acesso ao distante! E para falsear a corrida, perdida de antemão, entre a lenta e segura marcha da tartaruga cientista e os saltos ágeis da lebre religiosa, inventaram até mesmo de dizer que a primeira corre em "um mundo simplesmente material e visível", enquanto a segunda pode pular para "um mundo espiritual e invisível". Nunca o discurso religioso foi mais desnaturado, insultado, pervertido; nunca se pronunciou mais em falso o nome de D. do que quando se afirmou que o discurso religioso fornece o meio de acessar um outro mundo *além* deste baixo mundo. É falso que exista um além, assim como é falso que exista crença *em* "Deus", ou um mundo "espiritual" que se deva acrescentar ao mundo "material". É inútil imaginar "limites" para o conhecimento científico além dos quais teríamos de recorrer a um veículo mais leve, mais rápido, mais evanescente. Não existe fronteira para o trabalho da referência: por todo lugar onde ela possa estender sua malha de documentos, ela avança a passos seguros. Acreditar que existe um outro mundo, ou que o acesso a esse mundo tem fronteiras, que existem colunas de Hércules que não podemos ultrapassar sem pecado, vem de uma confusão entre os diferentes atos discursivos.

Há talvez uma forma espiritual de falar *deste* mundo, que difere radicalmente do transporte de informação duplo clique, mas não há "mundo espiritual" suplementar ao outro. Aliás, se esquecemos as devoções da Ciência e nos vinculamos às ciências, às verdadeiras, àquelas que existem em sua beleza, em seus encadeamentos referenciais, em suas produções e transmissões de mapas ou modelos, percebemos que elas não traçam um mundo mais material e mais visível, mais obtuso e mais baixo. Para acreditar que o mundo construído no rastro das ciências é grosseiramente material e visível, objetivo e obstinado, simples e estupidamente existente, é preciso nunca ter sentido a extensão, a precariedade, o esplendor, a originalidade das cascatas de referências que permitem a um astrônomo chegar aos confins do Big Bang, a um oceanógrafo mapear o movimento das placas tectônicas, a um matemático seguir a prova de um teorema sobre a teoria dos números, a um historiador reconstituir as etapas de uma revolta popular desconhecida de todos. Se fazemos realmente questão do adjetivo, o que poderia ser mais "espiritual" do que os mundos vindos à luz pelo caminho das ciências? O que poderia ser menos *diretamente* visível? Se é impossível falar da religião sem desvios e preliminares, quantas mediações não é necessário desenvolver para pronunciar frases verdadeiras ou falsas sobre o menor dos micróbios, o mais distante dos astros, a mais breve das interações entre partículas, a mais simples das economias? Se existe algo impossível, é acessar rapidamente, sem trabalho e sem custo, as cadeias de referências científicas. A via segura das ciências só se escreve direito por linhas tortas.

Inversamente, é preciso nunca ter sentido o profundo desapontamento que todo o discurso religioso provoca – e deve provocar – para ser verídico. Desapontar, primeiro desapontar. É justamente a ausência radical de informação transportada pelo conjunto de expressões religiosas que dá a certeza de que, graças a elas, nunca poderemos alcançar segredos superiores aos das ciências, mistérios mais elevados, espiritualidades mais exaltadas, gnoses menos indecifráveis. Faça um teste: compile tudo o que dizem os anjos da Bíblia e você não aprenderá quase nada, embora eles sejam os encarregados de "transmitir as mensagens". O conteúdo informacional desses milhares de injunções é próximo de zero – a menos que se torne indício para o trabalho erudito dos linguistas, dos arqueólogos ou dos especialistas em angelologia. O fato é que os anjos não transportam mensagens, mas modificam aqueles a quem se dirigem. O que eles transportam não é um *conteúdo* de informação, mas um novo *recipiente*. Eles não transportam mapas para oferecer uma base a seres sedentos de conhecimento; eles transformam os interlocutores. O que eles transportam não são telegramas, mas pessoas. Quantos bits podem veicular avisos como: "Converta-se", "Atenção, esteja pronto", "É com você que estamos falando", "Atenção!", "Ave", "Ele não está mais aqui"? A primeira palavra das conversas telefônicas, "alô", aquilo que os linguistas chamam de função fática, não diz menos do que: "A comunicação está estabelecida", "Alguém está chamando você ao telefone".

É um anjo que passa na frase da amante exigindo do amante que ele reitere hoje o seu amor – mesmo se o infeliz, por um erro de tradução, ouça apenas uma pergunta pedindo que ele se vincule através de um ponto de referência a um acontecimento que ocorreu doze meses atrás. Sim, é claro, podemos e devemos distinguir as mensagens que falam para informar sobre o mundo daquelas que falam para modificar os habitantes do mundo, mas não podemos confundir essa necessária distinção, de um lado, com uma informação sobre esse mundo e, de outro, com uma informação (obscura, misteriosa, perdida, criptografada) sobre um "outro" mundo. Não existe aspiração de inspiração religiosa ao além. Ou bem é informação e ela leva aos mundos – aos únicos que existem; ou bem não é informação e ela não *leva* a parte alguma – mas pode operar muitos outros milagres. Não há meio-termo. É preciso passar por essa decepção fundamental: a religião não leva a nada. É o contrário das explicações sociais, sociologizantes, que acreditam explicar a necessidade da religião por uma vontade de preencher um mundo vazio ou, ao contrário, conforme a metáfora escolhida, como um meio de encontrar um pouco de transcendência em um mundo pleno. Como se as almas frustradas precisassem preencher as lacunas da existência pelo espetáculo de verdades superiores; como se o vazio de um mundo simplesmente material e mercantil exigisse um suplemento de alma para trazer um pouco de consolo às existências frívolas; como se fosse necessário pintar o céu de cores alegres para tornar um pouco mais suportável o cinza da existência cotidiana; como se fosse preciso acalmar a angústia da morte pela evocação de ectoplasmas que levam uma vida superior em um mundo do além. Ora, é exatamente o inverso: nenhuma questão será resolvida, nenhum mistério será revelado, nenhum pecado será absolvido, nenhuma prece será respondida, nenhuma perda será consolada. (Por que tomar a palavra então?) Não se trata de acalmar, esvaziar ou preencher. "Ele não está mais aqui, veja onde o pusemos." Não será dado nenhum sinal. Não será dada nenhuma resposta às "grandes questões da existência". (Então por que falar novamente dessas velharias?) O mundo não é tão baixo que tenhamos de elevá-lo. Ele fervilha de transcendências suficientes para que não tenhamos de adicionar o que quer que seja para enobrecê-lo; é suficientemente pleno para que não tenhamos de preenchê-lo; é suficientemente arejado para que não precisemos esvaziá-lo. (O que é o religioso, se não leva mais ao além?) Felizmente, ao nos privarmos do outro mundo, não nos privamos de grande coisa, pois ali só havia confusão sobre a possibilidade de ir mais longe, mais rápido e mais alto do que o trabalho de referência paciente, meticuloso e positivo. Ao decepcionar, a religião não corta o galho sobre o qual está assentada, pois não há galho e ela está solidamente instalada em outro lugar, como todos nós, no mundo conhecido através das ciências e habitado pelo senso comum. Para ter alguma chance de falar adequadamente da religião, primeiro temos de amar as ciências do fundo do nosso coração, com todas as nossas forças, com toda a nossa alma, e respeitar os mundos que elas deixam em seu rastro.

Não existe outro mundo, mas há muitas formas de viver neste aqui e muitas formas de conhecê-lo também. Para todo espírito religioso, essa versão do espiritual como elevação progressiva em direção a outro reino, ao qual se pode ter acesso por expressões que preservam a forma da referência, sem ter todas as suas propriedades, deveria horrorizar. Talvez existam espirituais verdadeiros, mas o melhor teste para diferenciá-los dos falsos é ver se eles levam você "para o alto" tentando concorrer por outros meios com os caminhos da informação; ou, ao contrário, se eles fazem você descer pouco a pouco a atos de linguagem que transformam o interlocutor, sem diminuir em nada sua sede de conhecimento. Se eles afirmam apaziguar sua *libido sciendi*, revelar-lhe segredos, iniciá-lo nos mistérios, elevá-lo às esferas sublimes, fuja deles; mas siga os passos daqueles que fazem você reencontrar o movimento das palavras que não dão acesso, não transportam a lugar algum e, sobretudo, não levam nem mais longe nem mais alto, mas que transformam você agora, no exato momento em que são dirigidas a você. O melhor ainda seria evitar toda espiritualidade, ou antes, para dizê-lo de forma menos provocadora, desintoxicar-se alguns anos, alguns decênios, do hábito que nos fez relacionar religião e altitude. E se parássemos de dirigir os olhos para o céu e suspirar toda vez que a palavra religião é pronunciada? Poderíamos fazer um retiro, um período sabático, um jubileu, durante o qual seria proibido o uso do espiritual, riscaríamos as dívidas, os déficits de tradução. Seria uma espécie de moratória, de pousio, para nos desabituarmos desses reflexos condicionados que paralisam inutilmente o discurso religioso.

Por que se tornou tão difícil marcar a diferença entre aquilo que autoriza o acesso ao distante – a referência – e aquilo que permite transformar alguém distante em próximo – a conversão? É por causa da noção de "mistério" que a crença na crença ficou embaralhada. É verdade que é difícil definir o mal-entendido entre a pergunta da amante e a resposta do amante obtuso; é verdade também que é impossível captá-la diretamente sem testá-la em uma frase que tenha o mesmo efeito de conversão; é verdade enfim que nenhuma demonstração realizada dentro das regras fará alguém que não está mais apaixonado compreender o movimento que ele deveria ter feito, o espírito que deveria tê-lo animado para responder à pergunta. Mas se é difícil definir esse movimento, não há nada nele que seja incompreensível ou inefável. Aliás, a cascata de efeitos que, na prática real das ciências, permite ligar um mapa a um território, e depois ir e vir de um ao outro, também oferece à inteligência um mistério bem profundo. Nós nos desviaríamos definitivamente ao opor as profundezas do amor à superficialidade da informação. Os dois regimes de enunciação supõem transformações vertiginosas entre as palavras e as coisas. Não é mais fácil compreender como uma constante se mantém intacta através da cadeia de referência do que acompanhar por qual mecanismo a tonalidade de certas palavras bem pronunciadas permitem dar fim ao distanciamento que separava dois amantes. Apenas o mito da comunicação duplo clique nos permite agir como se pudéssemos prescindir de mediação, acessando diretamente, por transparência pura, uma mudança que não viria à custa de alguma distorção. Em consequência, apesar das dificuldades bem reais que o trabalho científico ou religioso testemunham, o adjetivo "misterioso", nos dois usos, não designa nada que seja obscuro, inacessível ou indizível: trata-se apenas de um gesto que é necessário ter repetido, um *savoir-faire* que convém exercer por um longo tempo, se queremos viver bem, se não queremos perder nem o distante nem o próximo. Misterioso não designa o que está escondido, obscuro ou codificado, mas o que é arriscado, inteligente e bem-sucedido.

Infelizmente, os atrasos de tradução aumentaram tanto que puseram no prego a própria noção de mistério, trocando as verdadeiras dificuldades por falsas profundidades. A capacidade dos enunciados científicos de levar ao distante foi preservada, mas foram perdidos todos os mecanismos sutis, habituais aos cientistas, pelos quais eles podem verificar se o que eles estão dizendo em cada etapa refere-se a alguma coisa. Feita essa falsificação, restam apenas questões desastradas, insensatas, mentirosas, como aquela que, segundo o bom senso, forma o centro da religião, mas hoje é apenas mais um sacrilégio – quando à pergunta: "Você acredita *em* Deus?" respondemos: "Sim, eu acredito *em* Deus", fingimos acreditar que a conversa é semelhante a: "Você acredita no aquecimento global? – Sim, por causa dos resultados recentes que mostram que nos dez últimos anos tivemos os oito anos mais quentes desde que as temperaturas começaram a ser medidas de forma confiável e padronizada por estações meteorológicas espalhadas pelo globo". Mas o fato é que, se a segunda pergunta é formulada perfeitamente, a primeira é *descabida*. Para a crença "em Deus", não existem instrumentos, laboratórios ou satélites que permitam obter, compilar e modelar os dados como temos para o clima. E que ninguém diga, para salvar as aparências, que a incompletude do ato referencial na primeira conversa é devida à oposição entre o visível e o invisível, porque o aquecimento global é tão invisível a olho nu, a um olho não equipado pelas ciências, quanto esse "Deus" ao qual se acessa por um ato de conhecimento que uma estranha sabotagem interrompeu para sempre. Aí está uma das pedras de toque para distinguirmos o verdadeiro e o falso mistério: na primeira conversa, mantém-se a vontade de referência, mas evita-se oferecer um caminho praticável para conduzi-la até o fim. A pergunta apenas faz você querer correr para o caminho da informação, ela o posiciona na linha de partida, mas você tropeça assim que dá a largada, porque, nesses assuntos, não há nenhuma prova que permita a conclusão do trabalho e a produção de uma informação verificável. O pobre Iuri Gagarin, o primeiro anticlerical a viajar ao espaço, virou alvo de chacota porque dizia que, não tendo visto "Deus" da janelinha da cabine, ele provou a sua inexistência. A prova, na verdade, era perfeita, porque respondia com precisão à exigência de visibilidade dos instrumentos científicos. Não há "Deus" no céu.

É nesse ponto preciso que o diabo mostra o rabo, propondo ao olhar cobiçoso a perspectiva grandiosa de um inferno recheado de boas intenções. "E se a dificuldade de responder à pergunta", sussurra, "vem do fato de que as elevadas e profundas matérias escapam definitivamente à referência; e se não fosse necessário juntar as coisas invisíveis e inacessíveis às coisas visíveis e acessíveis; e se elas formassem mistérios que não se deve tentar aprofundar; e se fosse sacrilégio querer ir a fundo nessas coisas?". É grande a tentação de preservar o movimento da referência, a flecha, mas também de dizer, uma vez que não atracamos em nada e não alcançamos o distante, que fisgamos um objeto sutil que escapa de todo controle. Mas o diabo tem mais de um truque na manga e, por um jogo de cena absolutamente admirável, pode fingir humildade: "Quem és tu para quer penetrar tais mistérios? Curva a cabeça, orgulhoso sicambro,[2] e entende ao menos que não podes compreendê-los". E de insinuações em provocações, de simulações em tentações, acabamos aceitando que a religião possa apoiar-se em mistérios impenetráveis... Ponto final. Esses mistérios estão além de nós, vamos fingir organizá-los. Isso é tão confortável, facilita tanto as coisas: não há nada mais que recuperar, recompor, renovar. Podemos nos entregar sem dor e aprofundar o déficit de tradução: toda vez que a diferença de tempo produzir palavras incompreensíveis, diremos que elas são incompreensíveis, porque *devem* ser incompreensíveis, porque se trata de mistérios profundos – embora apenas nos tenhamos esquecido de refazer a aposta. Como resistir à droga? E lá vamos nós afundar de novo no último estágio da intoxicação, quando o diabo, diante da massa vertiginosa de falsos mistérios, consegue com muita astúcia que os melhores espíritos pronunciem a frase monstruosa: "*Credo quia absurdum*" – "Creio porque é absurdo". E celebraremos como um novo mistério admirável essa frase que, no entanto, revela um abandono covarde, caindo cada vez mais fundo no caminho da degradação: "Que coragem", alguém dirá, "que fé atrelada ao corpo possui aquele que pronuncia fórmulas tão desesperadas!". Sim, ele precisará de muita coragem para resistir às chamas do inferno que o cercam por todos os lados,

---

2 A frase se referencia à história dos francos. Foi pronunciada a Clóvis em sua conversão ao cristianismo, no século V, indicando que ele deveria renunciar às divindades pagãs. O termo sicambre (povo da Germânia) passou a designar os francos. Ver Heinzelmann Martin, Bourgain Pascale. "Courbe-toi, fier Sicambre, adore ce que tu as brûlé": à propos de Grégoire de Tours, *Hist.*, II, 31.. In: *Bibliothèque de l'École des Chartes*. 1996, tome 154. (N. T.)

inferno no qual ele mergulhou sem pensar, acreditando que entraria diretamente no paraíso com um salto duplo mortal. Aí está onde leva a adesão precipitada à facilidade dos mistérios. Aí está o fogo onde terminam os que creem na crença.

Em vez de querer responder à pergunta: "Você acredita *em* alguma coisa?", deveríamos ter respondido com toda a educação: "Desculpe, mas essa pergunta não está bem colocada, bem formulada", ou mais grosseiramente: "Para pergunta idiota, resposta idiota". A demanda não podia levar a lugar algum. Ou melhor, ela tentava levar a algum lugar, acessar um território distante sobre o qual se podia decidir depois se aquele ser em particular, "Deus", estava presente ou não. E naturalmente, como por acaso, no momento de encerrar a discussão, nos teriam explicado que não existe meio, instrumento ou intermediação para decidir. O enunciado se apresenta como tendo um valor de verdade que se pode calcular por um sim ou por um não, por p e por q, e termina sem nenhum valor de verdade.

Ora, é a outro jogo de linguagem que se deveria recorrer: "Me faça uma pergunta que não procure levar a algum lugar, mas permita criar novamente alguém". Por exemplo, uma pergunta que em vez de ter a forma de: "Você acredita no aquecimento global?", tivesse a forma de: "Você me ama?". Quando nos reportamos a esse novo padrão, descobrimos que nesse regime de discurso não temos mais nenhum direito de sermos obscuros. Enquanto as perguntas precedentes autorizavam o mistério, esta deve ser compreendida de cara, ou será *sem efeito* sobre aquele que ela deve modificar, converter, transformar. A amante teria representado um papel bem perverso se tivesse insinuado seu pedido de amor em uma frase tão anfigurítica que o amante não entendesse nem a exigência nem o desafio. O pecado, nesse caso, passaria dele, que se recusava a compreender a injunção, para ela, que teria voluntariamente manipulado a prova, impossibilitando o exame final. Um discurso de conversão incompreensível é um discurso mentiroso, ímpio. Adicionar o falso escândalo de um falso mistério à imensa dificuldade da transformação exigida é talvez o pecado supremo em matéria de religião. A menos que a interrogação cumpra bravamente o seu trabalho de referência e transporte aos trancos e barrancos a informação como faz a tartaruga cientista – mas nesse caso é necessário lhe dar os meios de viajar e acessar o distante, sem esquecer a alface... Por piedade, não peça à tartaruga para "provar a existência de Deus"; se ela voltar de mãos vazias, não fale de mistério; se ninguém compreende seu palavrório, não faça elogio ao absurdo necessário à fé. Posso não conseguir ser claro, mas, em todo caso, não vou procurar abrigo na escuridão dos mistérios.

Não existe escapatória: se você quer voltar a converter, tem de ser claro como o dia (o que é impossível, porque não se pode nunca falar diretamente do que se trata...). Quando a Escritura diz que, no Pentecostes, todos compreendem a boa-nova, o resgate da antiga mensagem, a renovação da doutrina que perdera o viço, em resumo, o Evangelho *em sua própria língua*, compreendemos claramente as condições de felicidade desse ato discursivo dos apóstolos. Em vez de traduzir o frígio ou o parta para a língua dos galileus, em vez de extrair-se de sua etnia para dirigir seus olhares a um mundo exótico, em vez de descartar dolorosamente uma sequência de obstáculos artificiais inseridos no caminho da compreensão, todos esses povos diversos eram tomados de imediato por uma exigência avassaladora: a única dificuldade apresentada a eles era esta, grande o suficiente, de se converter. Desse verdadeiro mistério da transformação dos interlocutores ao ouvir a mensagem, nenhum falso mistério vinha desviá-los, fazendo-os, por exemplo, vislumbrar a miragem de um acesso possível ao distante. Atingidos frontalmente por uma flecha salvadora na estreita estrutura de sua linguagem, de sua etnia, de seu tempo, eles não podiam fugir – a não ser que, como dizem as Escrituras, "um abuso de vinho doce" não lhes virasse a cabeça... Mas como devemos chamar o *anti*-Pentecoste que força todos os povos hoje dispersos sobre a terra a *não* compreender, cada um em sua língua, a *mesma* mensagem agora indecifrável: ela esconde tão bem seu objetivo que, ao ouvi-la, nós nos acreditamos obrigados a nos dirigir em pensamento a um outro mundo e a um outro tempo, ou Jerusalém, ou Roma, ou o céu, lugares que, não tendo rampa de acesso, são inassinaláveis para todo o sempre? Se era pela ação do Espírito Santo que todos compreendiam a mesma mensagem em sua própria língua no Pentecostes, como nomear o anti-Paracleto, que obscureceu tão bem a boa-nova que todos conseguem – ó crime imperdoável! – não compreender essa transformação simplíssima que hoje se tornou *igualmente* estranha a todas as línguas, a todos os povos, a todos os tempos? Como não verter lágrimas amargas diante dessa inversão das figuras do universal, das formas da catolicidade? Se queremos fazer voltar a funcionar a máquina de traduzir, se queremos compreender como uma mensagem pode permanecer "a mesma" através das traduções que a tornam irreconhecível, temos de distinguir os diferentes sentidos dessa palavrinha. É que não se pode misturar os universais a bel-prazer. Ou bem se quer identificar uma identidade produzida por *padronização*, ou bem uma identidade produzida por *compreensão retrospectiva*. Ou bem se busca o que é estável através do espaço e do tempo, ou bem se modifica a forma de reunir os espaços e os tempos. Mais uma vez é preciso escolher.

Se bem que a primeira forma não seja mais familiar do que a segunda, na medida em que depende de um trabalho obscuro tão cuidadosamente dissimulado aos olhos quanto o duro trabalho das ciências, ela é mais fácil de compreender, pois sofreu menos o contraste com a comunicação duplo clique. Graças ao trabalho meticuloso da *metrologia* e aos escrúpulos incessantes dos metrologistas, foi possível desenvolver para tudo os mesmos padrões de referência que facilitam buscar as constantes e permitem estabelecer e, na sequência, manter as cadeias de referência. Não existe mapa sem metro padrão, não existe previsão meteorológica sem graus Celsius e hectopascais, não existe classificação dos ventos sem escala de Beaufort, não existe medida de nível de vida sem cesta básica, não existem computadores sem o cadenciamento em picossegundos dos relógios atômicos, não existe cálculo de tonelagem sem o quilo de platina do pavilhão de Sèvres, que a França (pátria da metrologia e filha mais velha da Igreja) conserva numa câmara escavada no solo, protegida de todos os olhares.

Graças a essa lenta, pesada e custosa manutenção dos padrões, não nos espantaríamos de ver os medos e os bascos, os mesopotâmicos e os californianos fazerem uso dos mesmos números, das mesmas letras, das mesmas medidas, das mesmas convenções. É que, através dos tempos e dos lugares, os laboratórios de referência, as instituições internacionais mantêm com muito esforço as mesmas constantes *constantes*. A comunicação duplo clique tem apenas de apagar o trabalho dos metrologistas e as redes de metrologia para poder falar de um universal que não custa nada, que não tem necessidade de nenhum instrumento, equipe ou instituição. É assim que ela pode dar à Ciência sua preciosa marca de indiscutível universalidade. E repetir o clichê do enunciado científico: "Sob igual pressão, a água, como todos sabem, ferve sempre e em qualquer lugar a 100 graus" – sim, mas desde que omita o trabalho de padronização necessário à intercomparação das medidas de temperatura e pressão... São bem estreitos os canais que possibilitam que essa afirmação, esse hábito metrológico, circule como um universal, uma evidência.

Tudo isso é ótimo, apaixonante, útil, proveitoso, indispensável, tranquilizador, mas evidentemente não é a extensão de um padrão que entusiasmava os povos reunidos diante da casa do Cenáculo, naquele dia milagroso. A palavra "mesma", na expressão "compreensão retrospectiva da mesma mensagem", não tinha o caráter de um padrão espalhado por toda parte, aliás por todo o estrangeiro, como o meridiano de Greenwich ou o metro padrão. Não era uma dessas convenções cômodas que permitiam preparar, por encadeamentos de testemunhas, padrões e referências, a manutenção de uma informação através de uma cascata de transformações perigosas. Seja eu persa, cabila, islandês ou bororo, meu GPS me permite saber em todo lugar onde estou, graças às mesmas referências de latitude e longitude, mas não é esse tipo de transporte, fidelidade, exatidão, verdade ou confiança ao qual me vinculo quando busco compreender o que pode querer dizer "escutar a boa-nova em minha própria língua". As redes de informação têm sua grandeza, sua importância, sua eficácia, sua espiritualidade, se fazemos questão disso, mas elas não constituem um Pentecostes. E que não se ouse afirmar que o dia da festa de Pentecostes se trata de uma simples "localização", como quando dou um clique no mouse do meu computador portátil e mudo o teclado do chinês para o árabe, ou do inglês para o francês do Quebec. Ajustar os padrões a todas as situações concretas requer uma combinatória de soluções definitivamente estabelecidas que implica padrões ainda mais gerais, ainda mais abstratos, ainda mais convencionais. Não, não é um "ajuste local" às "particularidades étnicas" que poderia abalar os rudes visitantes que vinham se sacrificar na esplanada do Templo. Os apóstolos não "adaptaram" sua mensagem ao grupo efêmero composto por todas essas línguas bárbaras. Isso não tem nada a ver com a padronização nem com a localização. Naquele dia abençoado, uma outra forma de universalização progressiva os tocou: os apóstolos falaram com eles em sua própria língua, e essa palavra os convocava a fazer parte de novo do mesmo povo, a voltar a serem fiéis à mesma tradição, depositários de uma mesma mensagem, cujo o sentido era finalmente compreendido e realizado.

Podemos reproduzir esse gênero de emoção? Perdeu-se para sempre o segredo de fabricação das línguas de fogo que pairavam sobre a cabeça dos apóstolos para inspirá-los em todas as línguas do mundo? Talvez não, se bem que a ideia de uma comunicação transparente e permanente, universal e estável, tornou-o tão estranho às nossas formas públicas de falar que parece tão impossível a religião desencalhar quanto o casco do Titanic corroído pela ferrugem flutuar. Como fazer para salvá-la? Voltando uma vez mais ao exemplo tão simples e tão cotidiano do diálogo amoroso.

Vamos supor que o amante tenha compreendido a injunção da amante, que ele tenha encontrado, tateando desajeitadamente, as palavras certas para reafirmar seu amor. Como os dois ligarão essa nova palavra à primeira declaração? Dirão que é o "mesmo" amor, do qual se reaproximaram após uma fase de distanciamento. Contudo, é óbvio que esse "mesmo" não possui em absoluto o caráter de uma substância que se conservou intacta através dos tempos, como uma barra de ouro esquecida sob um pedaço de tecido, redescoberta com alegria anos mais tarde. Dirigir sua atenção para tal forma do "mesmo", para tal estabilidade através do espaço e do tempo, é justamente a tentação que o amante teve de evitar para pronunciar a frase que renovou a relação. Embora esse reflexo fosse perfeitamente correto se ele tivesse de responder a uma exigência de posicionamento, de informação, de referência – como se lhe pedissem, por exemplo, para listar suas contribuições de pensão, seguindo uma cadeia de transformações para encontrar os números que se mantiveram intactos em diversos documentos contábeis. Voltando a se aproximar, os amantes podem dizer com razão que *reencontraram* o "mesmo amor" duradouro de sempre, embora saibam perfeitamente que tudo mudou, eles e a época.

Portanto, existe de fato uma forma particular, absolutamente única, de produzir o "mesmo", o idêntico, o contínuo, que não repousa sobre a manutenção de uma substância intacta através do espaço e do tempo – e todos nós passamos por essa experiência cotidiana, fugidia, frágil, sutil. Esse universal se assemelha tão pouco ao outro que, longe de ser estável quando vai do passado para o presente, ele parte do presente e volta para o passado, do qual modifica e aprofunda suas bases. Tanto que, quanto mais o tempo passa, mais o ponto de partida se torna prenhe do futuro. O que ocorre depois permite ao início ser a origem de qualquer coisa. O início depende da continuação. O pai depende do filho. Os amantes sentem essa inversão das figuras usuais do tempo, pois podem dizer, sem mentir, que o amor que os anima agora, como se tivesse durado sempre, é infinitamente mais forte, mais profundo, mais sólido, e que ele os aproxima ainda mais do que no início. A ponto tal que sentem que é finalmente hoje, pela *primeira vez*, que eles compreendem o que aconteceu com eles *desde sempre*. Sim, como todos sabem, "é sempre a primeira vez" – ou então o amor acabou.

Que relação pode existir entre essa compreensão retrospectiva dos amantes sobre o amor que os une, experiência emocionante, sem dúvida, mas individual, privada, quase psicológica, e esse universal em movimento da enunciação religiosa que mobiliza, e deve mobilizar, as massas de falares tão diversos? Esse fio, esse fino laço do amor é muito frágil, eu sei, mas foi a única maneira que encontrei para tentar salvar esse destroço afundado, para tirá-lo aos poucos do abismo e reexaminar o naufrágio da religião. Porque, ao final, é essa forma que se tornou estranha para nós de produzir a unidade, a unificação, o universal, e não aquela da padronização, que parece ter convertido os povos reunidos para a festa do Pentecostes, segundo o relato que encontramos nos Atos dos Apóstolos.

Essa palavra ouvida mil vezes, à qual estávamos habituados, e que nos distanciava uns dos outros, eis que ela volta a soar como pela *primeira vez*, a ponto de parecer nova, embora, como as palavras do amante, apenas repita o mesmo e sempiterno refrão. E eis que nos formamos novamente como um povo, pois, com cada um ouvindo a mesma coisa em sua própria língua, nós nos sentimos novamente próximos uns dos outros – não!, muito mais próximos do que jamais estivemos, como se aprofundássemos pela primeira vez esse mesmo sentimento de pertencimento. "Ah!", exclamamos estupefatos, "são essas palavras que pronunciamos sem nem pensar! Que nossos pais recitavam sem que compreendêssemos seu sentido! Aí está o significado de todos esses rituais que realizávamos mecanicamente! Esses nossos vizinhos de estranhos costumes são então nossos irmãos, apesar de toda essa diversidade, apesar dessa Babel de línguas dispersas? Como éramos obtusos", dizemos batendo as mãos na cabeça, "por não compreendermos melhor a injunção que nos dirigiam!'". Existem então palavras miraculosas que fabricam tanto aqueles que as pronunciam como aqueles que as escutam, e que os *reúnem em um povo novamente convocado*, unido pela mesma mensagem *enfim realizada?* A experiência banal dos dois amantes tem uma semelhança de forma, de regime, de tonalidade, com aquela de nações inteiras? Nesse caso, preservamos até o nosso tempo, apesar da ditadura da comunicação transparente, uma capacidade intacta de discurso que é capaz, como no primeiro dia – ou até melhor que no primeiro dia –, de reunir os próximos, estupefatos por terem vagado tanto tempo sem compreender que o que diziam toda manhã, com indiferença, podia reuni-los novamente. Você não sente o destroço vibrar, como se tivesse se descolado do fundo do mar, como se finalmente fosse ressurgir na superfície?

Mas ele volta a afundar, todas as cordas se rompem, e ele se encrava ainda mais profundamente no lodo, pois, mal os distinguimos, confundimos os dois universais – o padrão inalterável e a compreensão retrospectiva – para compor com sua mistura um monstro informe. Começamos a supor que, por trás de toda história, insensível às suas idas e vindas, existe uma substância única, indiferente às mudanças, e que, permanecendo sempre como era no primeiro dia, explica a diversidade dos atos de conversão. Como se converter-se resumisse a vincular-se a essa coisa intangível e reencontrar, fora da história, a certeza consoladora da imobilidade absoluta. Foi assim que se moldou a maioria das figuras do antigo "Deus" – esse que, por causa da fadiga e das concessões, desistimos de traduzir em uma "estrutura comum e cotidiana". Esse "Deus" constante universal, esse "Deus" substancial, esse "Deus" padrão é apenas – como dizer sem ser ofensivo? – um artefato, uma proposição quase científica que foi privada dos meios práticos de desenvolver as provas científicas de sua existência. Uma vontade científica castrada – *libido sciendi interrupta.*

Muitos textos admiráveis explicam o Pentecostes como o encontro dos pobres seres humanos com essa substância intangível, essa constante que se manteve sempre idêntica através das vicissitudes da história, e estremecemos por ter de blasfemá-la. Mas para ser fiel, é preciso ser infiel, para reencontrar o sentido é preciso abandonar a letra, para traduzi-la novamente é preciso ousar sacrificar a antiga tradução; para trair/traduzir novamente não se pode hesitar (sim, hesito e tremo) em traduzir/trair novamente. É que não quero de forma alguma confundir D. com um GPS de última geração. Ou então que me mostrem a rede de satélites, relógios atômicos, receptores e convenções internacionais que permite recebê-lo em qualquer lugar, "alto e claro", idêntico e milagrosamente coordenado. Se é para preservar como um bem precioso essas duas formas de universalização, esses dois regimes de catolicidade (há outros, é claro, mas apenas esses dois nos interessam por enquanto), eles não podem ser juntados, pois não teríamos nem os benefícios de um nem os proveitos do outro. Contra essa confusão, devemos dizer que não existe nenhuma relação entre "o mesmo" produzido com grande esforço pela manutenção das constantes, graças à metrologia, e "o mesmo" produzido à custa de sacrifício pela repetição sempre retomada, sempre aprofundada, sempre ampliada de uma mensagem decisiva que transforma para sempre a vida daqueles que se reconhecem naquele momento como membros de um mesmo povo. Dois universais, sem dúvida, ambos capazes de se difundir de indivíduo em indivíduo, ambos capazes de produzir unidade e acordo, ambos necessários a uma vida civilizada, mas que devem se manter incomensuráveis, sob o risco de sacrilégio.

Para enfrentar a obsessão de uma constante universal que nenhuma metrologia efetiva garantiria, temos de aprofundar a experiência dos amantes. Se eles falassem de seu amor como um D., evitariam transformá-lo numa substância inalterável, idêntica a ela mesma na variedade de seus atributos, pois sabem que não se pode confiar nisso: uma palavra atravessada pode provocar um distanciamento, ou talvez uma crise. O que os amantes denominam amor, esse amor capaz de durar e se aprofundar, surge para eles na fragilidade de um ato discursivo arriscado, que os obriga sempre a repetir a aposta. Conforme o modo como conversam, eles acabam tão distantes quanto estranhos, ou tão próximos como jamais foram. Quem teve uma vida tão insensível ou tão infeliz que nunca passou pela experiência fulminante da crise amorosa? A palavra a mais que transforma os amantes em inimigos que não conseguem entender como puderam viver tanto tempo numa intimidade tão sufocante; a palavra a mais que transforma os inimigos em amantes que não conseguem compreender como puderam se ferir tanto tempo com tal distanciamento. Num piscar de olhos, eles vão de uma existência para outra, apesar de radicalmente diferentes. Esse mistério vale por todos os outros. Assim como os amantes, eu me aproximo aos balbucios de uma forma de D. que depende do discurso, da exatidão da enunciação, do tom, da pronúncia. Forma infinitamente frágil, porque sinto que é muito fácil estragar a evocação. Como não pronunciar esse nome sempre em falso?

No entanto, toda a riqueza da crise amorosa vem do fato de que ela preservou para nós a experiência dessa fragilidade da enunciação. Ela nos prepara e nos treina para essa transformação radical que atinge a própria forma como o tempo passa, a junção e a articulação do tempo. De fato, quando os amantes "estão longe um do outro", todos os momentos de distanciamento se interligam para formar um destino inelutável, uma essência definitiva, um *fatum*: "Decididamente, nós não fomos feitos um para o outro". Os momentos de proximidade parecem então um desvario; o tempo começa a fluir *do passado para o presente*, como se eles tivessem dilapidado um capital feito de amor. Mas assim que se reaproximam, todos os momentos de distanciamento parecem aberrações incompreensíveis aos amantes: os episódios de proximidade se reagrupam para formar uma história diferente, que reflui dessa primeira vez de hoje para todas as outras, retornando, por um movimento retroativo, *do presente para o passado*, para a *primeiríssima* vez. Como se eles tivessem acabado de descobrir um capital inesgotável, que enriquece o passado e assegura o futuro. Você nunca sentiu essa conversão brutal, que chega a modificar a corrente do tempo? E você nunca experimentou sua constante instabilidade, a ponto de sair da crise amorosa e, confiando como um banqueiro num gordo capital de história acumulada, querer prender-se a esse momento de afeição, mas um segundo depois voltar à mesma miséria temporal, ao mesmo sufocamento do qual acreditava ter saído definitivamente? Você confiou na garantia de um amor de referência estável e seguro e de repente tudo vira fumaça, como naqueles contos de fada em que moedas de ouro se transformam em poças de água com um simples toque de varinha mágica.

Se os amantes falassem de seu amor como um D., evitariam construí-lo como um capital suscetível de se gastar pouco a pouco, gota a gota; não fariam dele uma substância corruptível, indiferente aos atos discursivos, bons ou maus, pelos quais todos os dias renovam sua fidelidade um ao outro. Nunca teriam a ideia absurda de privar esse amor de seu risco, de sua fragilidade, de sua precariedade, de *sua dependência para com o discurso falso ou verdadeiro*, essa forma vertiginosa de caminhar sempre à beira de um abismo onde sua história, por mais longa que seja, arrisca-se todo momento a reverter-se em uma experiência de tempo radicalmente oposta. Esse é o verdadeiro valor de verdade dos enunciados que eles prezam tanto quanto à menina de seus olhos, o verdadeiro cálculo ao qual se dedicam, os verdadeiros sim e não que julgam a qualidade de sua existência. Se quisessem realmente inventar um D. que denominariam "seu amor" – e quantas horas os amantes não passam falando dessa divindade, desse poder que os mantém ambos em suspense, em alerta? –, iam querer lhe dar as propriedades da urgência, do risco; iam fazer de maneira que ele emergisse a cada vez do discurso; iam mantê-lo à beira da crise, sempre ameaçado de incompletude, sempre sensível a essa inversão brutal na passagem do tempo. Seriam tantos os aspectos que teriam de traduzir em pintura, em imagem, em história santa de seu D. que necessitariam de um longo hábito, escrúpulos infinitos, cuidados incessantes para assegurar-se de ter enumerado todos os atributos, coletado todas as graças. Com que felicidade recomeçariam a tarefa ao perceber que omitiram esse ou aquele traço, pois cada dia a própria dificuldade de falar dessas coisas – tão cotidianas, mas tão sutis, tão diferentes, sobretudo do trabalho igualmente admirável da referência e do acesso ao distante – os obrigaria a retrabalhar o discurso de seu D. Por que não tentar falar novamente de um divino feito à imagem e semelhança do deles?

Quando faço a lista das condições de felicidade percorridas até aqui, atendo-me ao exemplo da crise amorosa – único jogo de linguagem que escapa ainda um pouco do império da comunicação –, como não me desencorajar?

As palavras que endireitam devem ser compreensíveis, essa é a primeira condição; devem ser ditas na linguagem daquele a quem elas são dirigidas, sem adicionar dificuldades supérfluas de tradução. Como já nos arriscamos demais a tropeçar, seria insensato juntar outra oportunidade de queda para distinguir aquilo que distancia daquilo que aproxima.

Segunda condição: esses discursos devem ser dirigidos à situação presente, a nós, aqui, agora, sem desviar a atenção, sem remoer antigos ressentimentos, sem querer acertar contas por dívidas antigas. É do presente que se trata, não do passado.

Terceira condição de felicidade: essas injunções não devem em nenhum momento buscar um compromisso com as frases de informação que podem levar, pela mediação de uma cadeia de referência, a um acesso ao distante – ou então você tem de passar para outro tipo de conversa e começar a falar com paixão sobre o clima, o aquecimento global ou o Big Bang. Mas, nesse caso, deem-se meios para ir até o fim: nada de solução intermediária entre os discursos de conversão e os discursos de informação, a obtenção do próximo e a busca do distante.

Quarta condição: as palavras que renovam devem ter *efeito*, ou então são pronunciadas em vão. Esse efeito só pode ser o resgate, naquele exato momento, do amor perdido, o restabelecimento frágil e provisório – mas que aparece como definitivo e salutar naquele instante – do tempo. Enquanto o tempo caía pesado do passado para esmagar o presente (o morto tinha o vivo), agora ele tem mais luz, emerge do presente para resgatar o passado e abrir o futuro (o vivo tem o morto).

Aquilo que permite satisfazer a última condição: uma unidade, uma identidade, uma união, um povo (no caso dos amantes, um micropovo) foi recriado.

Passe em revista o rico repertório de suas crises amorosas e veja se fiz um inventário completo dessas condições de felicidade. Quando alguém pergunta: "Você me ama?", essa primeira lista não nos permite entender do que se trata? Não nos permite compreender por que é impensável retrucar com um suspiro exasperado: "Amo, claro, já lhe disse mil vezes", provando de maneira segura que o amor acabou?

Se agora eu recorrer ao modelo dado pelo jogo da linguagem amorosa para listar as condições de infelicidade em matéria de religião, verei que são bem mais fáceis e, por isso, mais frequentemente satisfeitas.

Primeira condição: os discursos que deveriam renovar são pronunciados em uma língua estrangeira e se dirigem a pessoas distanciadas de nós pela história, pelo espaço, pela cultura, de modo que seria necessário um tempo infinito para traduzi-los para o tempo presente, antes mesmo de começarmos a entender a injunção que comportam.

Segunda condição: mesmo se pudéssemos traduzi-los, não seriam compreendidos, porque não se dirigem mais a nós aqui, agora, mas a eles, lá de tempos muito antigos. Para essas pessoas perfeitamente estrangeiras a nós, eles deviam ter um poder miraculoso, mas para nós, que não calçamos mais as mesmas sandálias, parecem elucubrações, empolamentos ridículos, invenções malucas.

Terceira condição calamitosa: para avaliá-los com alguma seriedade, poderíamos tomar o caminho tateante das ciências, estabelecer pontos e provas, alinhar os instrumentos e os documentos que permitiriam que nos ligássemos em pensamento a esses períodos distantes, a esses povos estrangeiros, a essas fórmulas bizarras. Mas teríamos de pagar o preço alto da exegese, da arqueologia, da história, em resumo, teríamos de aceitar ao mesmo tempo as certezas e as sujeições da erudição. Ora, em geral paramos no meio do caminho, inventando todo tipo de compromissos mal amarrados entre os discursos de acesso e os discursos de salvação, sem conseguir tirar proveito das vantagens nem de uns nem de outros.

Quarta condição de infelicidade: esses discursos não têm o menor efeito; indiferentes, escorregam pela nossa vida como a chuva no para-brisa. Por causa dessa impotência, apenas juntam à confusão variegada da tradição uma nova mixórdia de mitos e histórias que aumentam ainda mais o peso sufocante do passado. A menos que nos resignemos a estetizar esses ritos e anedotas, considerando memorável, divertido ou tocante aquilo que para nossos pais, para nossas mães, era uma questão de vida ou morte.

É por isso, e essa é a quinta condição, que aqueles que ouvem essa torrente de insanidades não formam nunca uma nação santa, mas um agregado de estrangeiros, ou mesmo de inimigos, que nada mais reúne.

E então? Não fiz o retrato fiel das formas como a religião costuma se exprimir, hoje, aos olhos de nossos contemporâneos? Não surpreenda que eu esteja com a língua tão pastosa. Com essas cinco condições de infelicidade, não descrevi precisamente o que se pronuncia todo domingo no momento do sermão, do alto do púlpito (eu sei, ninguém mais "sobe" ao púlpito)? Não expliquei o meu mal--estar, a minha confusão, o seu mal-estar, o seu incômodo, quando tantos discursos de salvação são pronunciados em vão?

E, contudo, eu vou, eu fico, eu insisto, sim, eu me obstino e me agarro ao banco. É que, como no caso da crise amorosa, a um quarto de milímetro atrás das condições de infelicidade existem condições de felicidade que permanecem intactas; não!, perdidas para sempre;

sim!, ao alcance da mão; não!, tornadas inacessíveis, infinitamente distantes, intraduzíveis, dissipadas; sim!, frescas como no primeiro dia, melhores do que no primeiro dia; não!, sem esperança de retomada, porque estou só, sem autoridade, sem direito, sem *imprimatur*, sem mandato – nada, nem sou nem mesmo crente (mas não se trata de crer...). Como na crise amorosa, sempre hesito entre duas formas absolutamente opostas de temporalidade, de confiança e fidelidade. Parar? Abandonar tudo? Limitar-se ao amor dos amantes? Ater-se à paixão dos cientistas? Não tentar mais fazer a carcaça flutuar? Eu falei muito, assumi muitos riscos: preciso ir até o fim, reconhecer o que é possível dizer e não dizer. Estou engajado. A árvore será julgada pelo seu fruto, e se não o produz, será queimada sem piedade.

Para sair dessa fria, tento recorrer a rajadas de "restrições mentais". Mas que provação! Tenho de substituir o que pronuncio em voz alta – "Creio em Deus todo-poderoso" – por uma tradução feita de cabeça e a toda velocidade: "Estou seguro da estrutura indiscutível da existência comum, o poder não está em questão, e sei que não se trata de crença", e assim por diante até o fim do *Credo*... mas não aguento muito tempo, a tradução é longa demais, lenta demais, complicada demais; não consigo recuperar o atraso, perco o fio, sou obrigado a deixar passar enormidades insondáveis ("consubstancial", "Virgem Maria", "descida aos infernos", "vida eterna"), e o sermão, que ainda nem começou, só vai multiplicar os mal-entendidos; é um tal fluxo de palavras mal assimiladas que não consigo mais examiná-las, reciclá-las; não há nada a fazer, não consigo mais acompanhar o ritmo; estou extenuado, desgostoso comigo mesmo por pronunciar contrariado tantas verdades e não conseguir atualizar tantas inverdades. E me desespero, pois, mesmo se conseguisse formular em meu íntimo uma transposição que me satisfaça, *eu não poderia compartilhá-la*: ela não seria a forma de vida comum do povo reunido em torno de mim; se meus vizinhos a ouvissem em voz alta, ficariam escandalizados comigo. Dividido, em guerra comigo mesmo, no momento do abraço da paz eu me torno um monumento vivo à hipocrisia e à blasfêmia, poluído de restrições mentais como um sepulcro coberto de excremento de pássaros. E, contudo, não posso me impedir de imaginar que todos aqueles ao meu redor também praticam restrições mentais, pedalam como loucos para cobrir o espaço que separa as palavras que se tornaram mentirosas das palavras que voltaram a ser sensíveis e sensatas para eles. Seria uma grande surpresa se um alto-falante fizesse ressoar bem alto, na nave da igreja, o que os presentes nas missas exequiais dizem baixinho no lugar de "vida eterna", "esperança", "céu". Mas nada não parece ajudar a eles ou a mim, e todos nos calamos, compartilhando o mesmo incômodo sem saber. Até os clérigos, dos quais não duvido que, como eu, como seus mais infiéis fiéis, e como todo mundo, façam ajustes e compromissos capengas, acrobacias funambulescas e saltos vertiginosos para tentar tornar próximos e atuais palavras distantes e gastas. Todos juntos rezamos à sombra desse depósito de resíduos alto como uma colina, pronto a romper-se sobre nós, essa montanha de dívidas, esses atrasos de tradução que nos paralisam a língua e nos obrigam a esperar indefinidamente, cada qual em sua cadeira, sem nos mexer, com medo de que tudo desmorone, protegendo com mãos desajeitadas a bricolagem interna de uma religião privada, uma bricabraque que não tem mais a capacidade de reunir um povo, pois ninguém ousa mais expressar-se publicamente. Acredito que cada um, há muito tempo, teve de fazer "sua própria religião", pequeno amontoado de meias mentiras e meias verdades, seco como aquelas pelotas de ossos regurgitadas pelas corujas após a digestão. É pior, aliás, quando por uma inovação infeliz, um painel, um quadro, um slogan, um discurso, um ritual, um de nós expressa em voz alta o que teria sido melhor manter para si: sem arte, sem escrita, sem erudição, sem cultura, sem tradição, sem autoridade, pendem sob as abóbadas os resíduos desmazelados de palavras às quais a "adaptação à época" aumenta ainda a palidez mortal e terminal. Todos podem encontrar exemplos nas igrejas que visitaram recentemente – as pedras verteriam lágrimas de sangue diante de certos desenhos a canetinha de alguma palavra santa, colados com fita adesiva na entrada do templo pelas crianças do catecismo. Como fugir disso? A solução das "restrições mentais" é uma péssima saída. Uma outra solução, mais razoável, seria fazer uma faxina em toda essa bagunça, limpar os estábulos de Áugias,[3] livrar-se dos ouropéis mais ofensivos, das histórias mais comprometedoras, dos hinos mais piegas, em resumo, como um trapeiro num depósito, fazer a seleção do que se pode ainda recuperar. Nos momentos de extrema exasperação, é grande a tentação de purificar: vamos reduzir todo esse conjunto de rituais e crenças religiosas a um corpo restrito de elementos seguros e verídicos, próprios e certificados, e vamos jogar todo o resto ao fogo purificador! A religião nos limites da simples razão. Mesmo que tenha inflamado os melhores espíritos no curso do tempo, essa vontade de pureza é tão insensata e impraticável quanto o joguinho perverso das "restrições mentais". Porque não sabemos onde parar. Quando começamos a não mais compartilhar um regime discursivo, nada, absolutamente nada parece suscetível de salvação, pela mesma razão que os amantes, na crise do distanciamento, não encontram nada, nem uma frase, nem um gesto, nem um momento que possa justificar o amor passado: eles estavam totalmente enganados. Você quebrou as feias estátuas de gesso? Mas por que parar por aí? Por que preservar o altar? O cibório? A estola? A hóstia? Os clérigos? Nessa prova de fogo, segui passo a passo um padre muito querido, meu tio, graças a quem a crença se perdeu de mim no caminho: eu o vi estremecer em cada linha de defesa, como os oficiais franceses em junho de 1940, apavorado ao ver que nenhum recuo pararia a derrota, que as fortificações aparentemente mais sólidas não ofereciam mais resistência do que um simples traço desenhado na areia por um dedo molhado.

---

3 A expressão "limpar os estábulos de Áugias" significa fazer uma "grande limpeza"; Áugias é um rei da mitologia grega e este é o nono trabalho de Hércules, o mais degradante. (N. T.)

Oh, é claro que sempre se pode interromper em tempo esse fogo devorador, esse alegre auto da fé, e arrancar das chamas um resíduo qualquer, mas jamais se terá a prova de que ele formava um cerne mais resistente do que os restos nas cinzas. Um minuto a mais e viraria fumaça. Você queimou o sacramento da confissão? Por que o sacramento do batismo resistiria? Você se afastou do papa? Por que preservar os bispos? É injustificável por que nesse clima e nesse momento exato a prova é suspensa. (Quanto tempo têm os amantes quando, em vez de sair da crise pelo discurso que os reaproximaria, decidem parar a briga sem se explicar, quando se resignam a limitar a vida em comum ao círculo estreito dos hábitos? Um mês? Um dia? Uma hora?) A menos que se volte a outro universal, o da padronização, e se consiga definir por convenção um núcleo comum, um mínimo denominador comum das religiões, algo tão insosso e versátil que se possa espalhar pelo mundo sem chocar ninguém. Um "ideal moral", um "sentimento de infinito", um "apelo à consciência", uma "vida interior mais rica", um "acesso ao grande tudo"? Que tolice é esse "Deus"! Simples cabide da moral – como se a moral precisasse do apoio da religião. Graças a essa purificação, não existem mais resíduos inúteis, mas não resta mais nada que permita dirigir discursos renovadores a alguém que, ao ouvi-los, se sinta transformado. Apesar, ou antes, por causa desse trabalho de redução, seleção e purificação, todas as condições de infelicidade se acham reunidas: o mínimo denominador comum de todas as religiões, arrancado das especificidades do tempo e dos lugares, não se dirige mais a mim, aqui, agora, mas a qualquer um, em qualquer momento, em todo lugar. Sim, é exatamente isso o anti-Pentecostes. Querendo salvar a religião do fogo da crítica, nós a transformamos em um insosso universal que não tem atrás dele nem as sólidas redes das constantes físicas. Querendo preservar, apesar de tudo, alguma coisa dessa longa experiência religiosa, perdemos tudo. Como sempre, "a pureza é o ácido da alma", a tentação suprema à qual devemos resistir.

Mas isso significa que temos de manter tudo? Compreender tudo? Engolir tudo? Aceitar tudo? Sim, é a única solução. Não quero ter de selecionar; as restrições mentais me esgotam inutilmente; a heresia não me tenta, nem as reformas, nem as revoluções, nem nenhum tipo de agitação. Não há ramos mortos na enunciação religiosa, porque tudo é conexão, experimentação, tentativa, enraizamento, raiz e radícula. Ou bem entendemos aquilo que as faz crescer, e tudo é mantido; ou bem não entendemos e tudo é queimado. Se é para retomar o discurso, é para retomar tudo, salvar tudo, clarear tudo, renovar tudo, sem abandonar uma única ovelha no caminho; nem uma gota de devoção será perdida, nem uma pieguice, nem uma quinquilharia religiosa, nem um santinho de gosto duvidoso, nem um ornamento barato de igreja. Quero recuperar todo o tesouro que me prometeram como herança, quero que seja definitivamente meu – *e quero sentir orgulho disso.* É preciso ter um estômago enorme, um espírito generosíssimo, ou não vale a pena embarcar nessa questão, tentar falar novamente dessas coisas. Se é para salvar destroços do naufrágio, o esforço não vale a pena. Há apenas duas vias: a da heresia – da escolha seletiva– e a da ortodoxia – da via reta. Sim, mas como andar pela via reta? Para que ser fiel de novo e como? O que quer dizer "renovar tudo sem selecionar nada" – sobretudo porque é necessário ao mesmo tempo selecionar, discernir, retomar, desfazer, rejeitar? Não resta dúvida, estou bem no meio dos *tormentos* do discurso religioso.

E aqui ele perde a razão. Há menos de um minuto ele se debatia nas restrições mentais para não pronunciar em falso tantas inverdades, e agora exige que se engulam cruas, sem pensar, com fé absoluta! Ele chega a ponto de pronunciar novamente as palavras fatais "heresia" e "ortodoxia', que cheiram fortemente a fogueira. É direito dele hesitar, sentir-se atormentado, mas não a esse ponto, não alternando extrema descrença com extrema credulidade. Será que ele se tornou "reacionário" a esse ponto?

Aliás, um dia ele ainda terá de nos explicar por qual abandono covarde ele próprio pôde acreditar, como toda a sua geração de *baby boomers*, no desaparecimento inevitável da coisa religiosa. Por que achou durante tanto tempo que a frente de modernização seria capaz de relegar os discursos santos ao esquecimento, assim como o fogão a lenha e os carros de boi. Sim, ele terá de nos contar por que os "progressistas" compartilharam por tanto tempo a ilusão de que o ópio do povo cederia diante das forças de emancipação e liberdade – como se eles próprios não estivessem viciados em drogas ainda mais letais. Eles não confessarão jamais, mas eles é que decidiram não batizar seus filhos, cortar com as próprias mãos um fio ininterrupto havia tantos séculos, privá-los de se juntar ao povo dos redimidos... E por quê? "Para que mais tarde eles mesmos possam escolher!" Ó liberdade! Que crimes essa geração cometeu em teu nome? Chegou o momento de todos esses bebês prorrogados, agora *"vovós boomers"*, serem levados a julgamento, os únicos que não passaram por guerra e, em plena paz, quando nada os ameaçava, saquearam com suas próprias mãos, uns após os outros, os meios de vida com que seus pais os fartaram em sua infância abençoada. Que sejam revisados também esses universais revisionistas. Eles tiraram imenso proveito do catecismo e da escola, das humanidades e das ciências, da história e da geografia, do Estado e da política, mas o que legaram a seus filhos? Autonomia. Pois foi em nome da santa liberdade que eles destruíram as instituições que os trouxeram ao mundo. E o que eles deram à luz? Natimortos. Sim, seus rebentos são livres, extremamente livres, porque herdaram apenas liberdade, enquanto seus indignos pais receberam esses vínculos incontáveis dos quais se dão conta agora, tarde demais infelizmente, que eram eles que formavam a matriz da autonomia. E o pior é que agora toda essa geração senil, caduca, ranzinza, começa a arrepender-se do passado, a lamentar a decadência dos costumes, o "baixo nível", e chega a desejar retomar as rédeas – da autoridade, que diabo! – e "retornar a Deus" para ter o chicote bem firme nas mãos! Que culpem a si mesmos, esses suicidas que suicidaram seus próprios filhos. Uma vez destruídas, as instituições se recuperam tanto quanto os ritos de iniciação: tornadas irrisórias, irrisórias permanecem. E é nessas ruínas que seus descendentes devem viver. Acusados, dirão sem sombra de dúvida que não se deram conta; como seus pais, os da guerra, dirão que "obedeceram ordens": "Nós não sabíamos".

Ah, sim! *Nós sabíamos*. Um dia ela terá de prestar contas, essa nossa geração mimada, estragada, podre, fraca. Sim, está bem, eu confesso: para religar o fio interrompido por minha culpa, minha máxima culpa, eu me joguei nessa missão impossível. Mas tenho mais que fazer do que retratar as grandezas e as misérias das crianças do século passado: alterar a flecha do progresso, renovar a compreensão do trabalho das ciências, resgatar o direito, recuperar a política, dar um novo sentido à palavra instituição, decidir o que os filhos devem herdar. Ter filhos novamente. Dar outro sentido a essa longa história ocidental, acabar com a modernização. Não, não perdi a razão, não virei "reacionário" ao envelhecer, mas aos poucos me dei conta de que nós nunca fomos modernos. Então me perguntei se os limites que marcam a fronteira entre os religiosos e os não religiosos não estavam deslocados, se não havia espaço para uma retomada do discurso religioso. Quem pode discernir hoje, com certeza, o que deve passar e o que deve permanecer? Quem possui a pedra de toque que distingue o "reacionário" do "progressista"? Mais ninguém. É por isso que ouso me dirigir alternadamente, tal como Jano, tremendo sobre um limiar ambíguo, a dois grupos distintos: o do interior (da religião) e o do exterior. Falhei no objetivo de não chocar nem um nem outro? Você vê isso apenas como um horrível retorno ao passado, um sonho absurdo de restauração católica, uma tentativa abortada de modernização cristã, uma laicização herética? Espere, estou apenas no começo. Por favor, não coloque em minha conta os atrasos de tradução que não foram realizados por mim. Tenho tudo contra mim, eu bem sei, tudo me acusa, mas me faça pagar apenas pelos meus erros, não pelos dos outros – e sobretudo não por aqueles da minha geração.

Uma coisa é certa: para voltar a falar diretamente dessas coisas, sem selecionar, sem purificar (e ao mesmo tempo selecionando, discernindo), não precisamos abdicar da razão e de seu instrumental. Não nos serviria de nada dar as mãos e dançar ao som do violão, esperando que um ambiente caloroso e amigável nos inspire pensamentos agradáveis e sorrisos fraternos. Nesses assuntos de religião, não há lugar para sentimentalismos. Somente o trabalho atento e inventivo quanto aos conceitos e o raciocínio bem amarrado podem nos tornar mais eloquentes. Como podemos ter esperança de falar adequadamente se começamos por humilhar a razão, impondo-lhe fronteiras de antemão e, depois, quando ela para na aduana, oferecendo-lhe outro veículo, que chamaremos, por exemplo, de "fé". Não conheço esses transbordos de carga; como dizem as companhias de transporte ferroviário, não confio nessa forma monstruosa de "transporte intermodal". Ou bem se trata de conteúdo de informação, e a razão na sua forma científica avança sem limites; ou bem se trata de transportar *recipientes*, de fazer emergir pessoas e, nesse caso, precisamos de toda a razão, de toda a inteligência, de toda a sutileza de raciocínio – e, nesse caso, não há limite. As coisas sobre as quais estou falando não são irracionais, mas exigem toda a razão, a única e exclusiva razão que temos para sobreviver. Nenhum outro esclarecimento é necessário, nenhuma revelação súbita, nenhuma voz da consciência, nenhum clarão vindo dos céus. Se há revelação, ela virá de baixo, da própria coisa que a inteligência busca explicitar, repetir, e não de cima, jogando uma luz falsa sobre ela.

Aliás, o que chamamos "razão" no ridículo debate "da fé e da razão" não se parece em nada com o trabalho da referência científica, com o estabelecimento dessas pontes vertiginosas que, por meio de cascatas de informações, nos permitem entender o universo. Apenas a comunicação duplo clique pôde imaginar uma cena em que temos de escolher entre o racional da Ciência, com C maiúsculo, e o irracional da Religião, com R maiúsculo. O que chamam de "razão" nessa comédia parece antes uma pilha de pedras bem duras acumuladas no curso do tempo e da qual Polichinelo se serve para apedrejar os ingênuos, bombardear a fortaleza da "fé", derrubar seus muros e liberar os crentes do "domínio do obscurantismo", sob o qual a "ditadura dos clérigos" os mantém prisioneiros. Não há uso da "razão", nesse sentido polêmico, sem uma crença simétrica na "crença" dos fiéis, os quais construíram a cidadela indestrutível da irracionalidade juntando as pedras que seus adversários jogaram neles! De modo que a racionalidade e a irracionalidade crescem juntas, os sitiadores se tornam cada vez mais seguros da "razão" e os sitiados têm certeza, a cada pedra catapultada, que sua única salvação é o "irracional", além de qualquer razão. Aliás, se viessem a duvidar dos "limites da razão", os raciocínios limitados de seus oponentes racionalistas os justificariam plenamente!

Mas faz muito tempo que os muros de Jericó ruíram, sem tambor nem trombeta: essa "razão" absurda faz tão pouca justiça às ciências quanto a "fé" na religião. A comunicação transparente e imediata tem tanta relação com o trabalho de informação quanto o acesso ao além se parece com o delicado *savoir-vivre* da enunciação religiosa. Se existe uma batalha que não se deve travar, é essa. De toda forma, não temos vários cérebros, não temos sexto sentido ou outras capacidades cognitivas, a não ser aquelas que aplicamos ora aos veículos que nos dão acesso ao distante, ora aos que produzem proximidade. Os meios de transporte são diferentes, é verdade, assim como os caminhos, os rastros, mas não o motorista e os passageiros, que são forçosamente os mesmos. Não, não perdi a razão, quero somente que ela aplique todos esses poderes usuais do raciocínio ao traçar o caminho dessas palavras estranhas que parecem endireitar aqueles a quem são ditas. Quanto ao caminho das ciências, dediquei tempo suficiente a ele para não ter de retomá-lo por enquanto.

Contudo, é compreensível o horror que sentem os espíritos ponderados quando abordam essas questões. Assim que abandonamos o caminho confiável da comunicação para falar de religião, é como se tivéssemos de mergulhar numa forma de *mentira*, no segredo de uma invenção que, para dizer a verdade, deve *necessariamente* mentir. Essa experiência não excede nem a razão nem o *savoir-faire* cotidiano, mas é preciso reconhecer que não é fácil engoli-la, porque seu objeto consiste em *desviar* os hábitos do discurso, *impedir* a transferência de informações, *desacostumar-se* de toda comunicação. O que explica, mas não justifica a desconfiança dos que raciocinam é que a religião, para dizer a verdade, deve mentir ou, ao menos, se a palavra choca, proceder a *elaborações* científicas, não!, pias, não!, razoáveis.

E, no entanto, nós aceitamos essa criação continuada da parte dos amantes, que não param de repetir de outra forma a mesma história de amor. Quando a amante suplica ao amante que reitere a sua fé, não lhe pede para imitar o que pronunciou tempos atrás, ou que lhe diga como a amou, no pretérito perfeito, mas como a ama agora, no presente do indicativo. Sem isso, o ato discursivo ficaria sem efeito; e os amantes invocariam em vão o nome de seu D. Mas entre os dois momentos do tempo, o do passado e o de hoje, muitas coisas mudaram: cada célula do corpo dos amantes foi renovada; eles não têm mais os mesmos problemas, as mesmas relações; outras expressões familiares lhes vêm aos lábios. Um lento arrasto subterrâneo deslocou as referências. Em consequência, das duas uma: ou o amante permanece fiel ao que disse no passado e o repete palavra por palavra, mas nesse caso profere uma mentira, porque não consegue mais falar adequadamente de seu amor; ou o amante, fiel à exigência desse amor que requer que ele se dirija ao presente, diz *outra coisa* totalmente diferente do que disse no passado, já que as referências mudaram, e ele diz *outra mentira*, dessa vez em relação à tradição que ele queria preservar. Ou bem ele é fiel à tradição, mas mente, porque as palavras arrancadas do presente deles dirigem-se a um passado distante; ou bem ele é fiel ao presente, mas mente de novo, porque as palavras salutares *diferem* do que se dizia até aquele momento.

Não existe nenhuma maneira de sair desse paradoxo, a menos que se fale de outra coisa e se aspire à busca do distante – a menos que se detenha a passagem do tempo e se interrompa o curso do Sol. Se queremos falar de amor, dessas palavras de estranhas propriedades de presentificação, é sempre no presente e no exato momento que devemos falar, e forçosamente, uma vez que o presente difere do passado, o discurso novo, para ser novamente ouvido, deve *diferenciar-se* daquele do passado. Dito de outra forma, não existe palavra salvadora que possa agir *e que já teríamos escutado*. Ou ela age, salva, endireita, compreendemos do que se trata e é a primeira vez que ela nos toma; ou já foi ouvida cem vezes, sabemos muito bem o que quer dizer e certamente não é daquilo que trata. Ou conseguimos designar o amor, e ele se torna presente, comprovado por essa mesma palavra, ou então estamos falando de outra coisa e certamente não é do nosso amor. (A amante conhece muito bem essa capacidade exasperante do amante de fugir da imposição: "Você está tentando desviar a conversa", "Por que você quer falar de outra coisa?", "Você está fazendo de conta que não entendeu o que estou querendo dizer", "Você não tem como se justificar" – o companheiro fará tudo, tudo para não ter de retomar o fio do seu amor através de palavrinhas frágeis e insignificantes que escapam a qualquer contabilidade.) Se nós não tivéssemos de consertar séculos de atrasos, nada seria mais claro do que essa exigência; ela seria de uma simplicidade pueril. Todos os enamorados sabem muito bem disso, tão seguramente quanto os venerados pais [da Igreja] que fizeram "a prova indiscutível da existência de Deus": ou falamos de D. e ele existe, uma vez que, como dizem os filósofos, sua essência implica sua existência, ou então pensamos em alguma coisa que não existe, mas nesse caso pensamos em uma coisa totalmente distinta, certamente não em D. É impossível escapar dessa dependência do discurso bem ajustado, dessa teurgia.

À primeira vista, essa exigência de falar sempre pela primeira vez, de falar do presente, de você, de mim, aqui, agora, parece sem sentido, porque não há como salvar as palavras antigas e ao mesmo tempo manter-se fiel a elas. Ou nos livramos das velharias, mas ficamos sem nenhuma palavra dada pela tradição, ou então as preservamos devotamente, mas deixamos de ser fiéis à presentificação. Contudo, é exatamente nessa delicada mecânica da mentira, das elaborações, que devemos encontrar o meio de pagar os atrasos acumulados, de quitar as dívidas altíssimas que nos impedem de recuperar nossos bens. É essa máquina que devemos pôr novamente para funcionar. Ora, podemos ver bem que a escolha nunca é simplesmente repetir como um papagaio ou inventar tudo toda vez, do zero, *ab ovo*. E menos ainda modernizar, ajustar, localizar. Trata-se antes de entender novamente, a partir da experiência presente, o que queria dizer a tradição que nos empresta palavras, as mesmas palavras, mas pronunciadas de maneira diferente. Não se trata de inovar, mas de *representar* o mesmo. À *repetição da reiteração* opõe-se a *repetição da renovação*: a primeira parece fiel, mas não é; a segunda parece infiel, contudo preserva o tesouro que a outra dissipa acreditando preservar.

Os amantes, por exemplo, não julgam a forma de suas palavras segundo o seu grau de antiguidade ou novidade. Não há nada mais repetitivo do que a música dos enamorados; eles glosam sempre a mesma história, a deles, mas segundo duas formas, duas tonalidades, que a crise distingue de maneira radical. Essa história assemelha-se a duas concatenações contraditórias que se entrelaçam uma na outra como as arcadas de uma rua comprida cuja imagem trêmula e deslocada aparece invertida em poças de água, após a tempestade. Ora eles releem todo o seu passado como se fosse apenas a história de uma incompreensão sempre crescente que despenca do passado para o presente, trazendo a prova indiscutível de que o futuro nunca vai separá-los. Ora, torcendo, enviesando, empurrando, endireitando, reinterpretando os mesmos episódios, os mesmos gestos, as mesmas palavras, eles tecem uma outra história, completamente oposta, que se esgueira na primeira, provando, a partir daquele momento, através de provas igualmente indiscutíveis, que eles sempre se amaram como no primeiro dia, mais até do que no primeiro dia, e o futuro deles é envelhecer juntos, cada vez mais próximos. E uma história existe no interior da outra, na forma de um remorso, um risco, uma presença inebriante, de sorte que não se pode jamais dar como certo o que o instante presente prova. Assim como aquelas imagens divertidas em que a forma e o fundo se invertem conforme o hábito do olhar ou o ângulo pelo qual se olha, essas duas narrativas convivem tão bem que o mesmo instante presente pode tornar-se tanto o fim de uma aventura que termina hoje, ou o ponto de partida de uma aventura que recomeça a muito custo. Os episódios são os mesmos, mas nenhum é parecido com outro. *Hic est saltus*, é aqui que se deve saltar.

Por que continuamos tão hábeis nessa ginástica da crise amorosa e nos tornamos tão rígidos quando queremos usá-la como modelo para compreender a experiência religiosa? É por causa da falta de semelhança entre a história privada dos casais e a história santa? E, no entanto, elas só se diferenciam talvez pela amplitude do ajustamento, pela ambição da redenção e pela seleção do povo a salvar. Vamos tentar captar mais uma vez o grande a partir do pequeno, o santo a partir do profano, o inaceitável a partir do familiar. É como se a mesma tradição pudesse aparecer em dois estados: sólido ou gasoso.

Uma palavra recebida que se dirige a um outro tempo e a um outro lugar perde de imediato o frescor inicial, a eficácia; por definição, ela agora não parece mais do que um obstáculo artificial à compreensão daquilo de que se trata. Não podemos fazer nada. Com espírito aberto, podemos acreditar que ela tinha o poder de transformar de vez aqueles aos quais ela se dirigia no passado, mas isso agora é indiferente. Esse é o estado sólido da tradição, seu peso mortal. Mas o fato é que, quando finalmente compreendo por mim mesmo do que se trata, começo também a compreender o que pode tê-los movido. Da mesma forma que os amantes reinterpretam suas histórias quando saem da crise, nós também somos tomados por esse mesmo movimento retroativo do tempo que parte do presente e se dirige ao passado, iluminando com uma luz brilhante as escrituras obscuras: "Tudo está claro agora, eu as lia sem compreender".

Contudo, cada uma das expressões agora compreensíveis continua estranha, exótica, nenhuma se parece com as que empregamos, são todas mentirosas, unicamente porque se dirigem a um lugar, a um momento, a uma pessoa diferente da história. Sim, mas em cada um desses lugares, em cada um desses momentos, em cada uma dessas pessoas elas tinham o mesmo efeito, que eu compreendo agora, pela primeira vez, como os contemporâneos do Pentecostes o sentiram: "Então é isso que eles queriam dizer? Como não compreendi antes?". À medida que se propaga esse fulgurante encadeamento, todos os momentos de reparação se interligam de alguma forma, elo a elo, juntando à história de outros tempos e lugares uma outra história, não, a mesma, aquela da presentificação da mesma revelação e da mesma reparação. Tão longe quanto for a revelação dessa identidade, tão longe irá o sentimento de formarmos um povo com aqueles que, como descobrimos agora com assombro, apesar da distância que nos separa deles, foram abordados como nós nos mesmos termos – embora estes não se pareçam formalmente em nada, pois a definição do "mesmo" também variou. A tradição mudou de estado, de sólida tornou-se gasosa, leve e, poderíamos dizer, até mesmo espiritual, se a palavra tivesse um sentido renovado.

Tudo isso está se complicando terrivelmente. Chegando a esse ponto crítico, não podemos desistir. Não podemos ficar sem palavras. Não podemos ter medo de esmiuçar demais para no fim das contas encontrar a simplicidade. Sem efusões, sem sentimentalismos. É inútil acreditar que um retorno direto à devoção infantil pode nos tornar mais fiéis. Não podemos falar nem direito nem diretamente das palavras que endireitam. Infelizmente, para compreender essa mecânica sutil (e, no entanto, simples, muito simples) teríamos de possuir todo o *savoir-faire* do engenheiro, toda a meticulosidade do cientista, toda a acuidade do testemunho, todos os escrúpulos do asceta – sem esquecer a leveza do anjo.

Retomemos, passo a passo, penosamente, o mecanismo dessa mentira verídica, esse *modus operandi* pelo qual se produzem, na tradição da Palavra e do Verbo, as expressões religiosas *bem formadas*. Uma expressão pareceu clara para determinado povo inserido numa situação estranha para nós. Essa mesma expressão, repetida tal qual por outro povo em outra situação, não tem mais efeito presente, porque o tempo passou. Pelo simples fluxo dos minutos, o que era transparente agora é obscuro. De condutor, o discurso tornou-se um obstáculo, a verdade tornou-se mentira. Sua simples repetição só pode acrescentar uma camada suplementar ao muro cada vez mais alto que separa as interpretações umas das outras. Contudo, esses povos antigos eram obrigados a ir cavar palavras e rituais na tradição, no tesouro acumulado por seus predecessores, mesmo que essas formas de vida correspondessem tão pouco ao que eles queriam dizer quanto suas palavras poderiam atender, mais tarde, às necessidades de seus sucessores. Para marcar a transferência de um tempo para outro, foi necessário fazê-las sofrer uma minúscula, mas violenta *torção*. Essa torção não é uma adaptação, uma deformação, um ajuste, uma modernização, mas uma transformação total, pois em vez de indicar o passado distante, ela nos força a indicar o presente. Mas como fazer para que um enunciado emprestado de outro tempo, de outro lugar, de outro povo, seja propício a essa transformação radical? Tomando-o de tal forma que ele se torne *impróprio* a qualquer outro uso. Impedindo, por uma série de invenções, traduções, artifícios, que, ao escutá-lo, sejamos arrastados para o passado, para outro lugar, e, embasbacados, nos esqueçamos do que se trata. Não vamos necessariamente trocar o enunciado venerado por um novo – pois nada garante que uma expressão recente será mais adequada à tarefa –, mas, ao obrigar o antigo a indicar o presente, vamos marcá-lo com um selo que o tornará novo por um breve instante. Esse é o segredo da elaboração: a tradição é efetivamente resgatada e retorcida para produzir novamente o presente. Pagamos o preço do transporte com uma transformação radical que não modifica o que deslocamos.

A forma geral dessa exegese não tem nada de misterioso, aliás é até mesmo de uma banalidade desencorajadora. Há algo mais enfadonho do que a expressão "eu amo você"? Dezenas de milhões de pessoas utilizaram a mesma fórmula. *Maçante, tão maçante.* E "eu"? Esse pronome vazio serviu de máscara a todos os seres da terra – ao menos para aqueles cuja língua utiliza a primeira pessoa do singular. Há algo mais impessoal do que o pronome pessoal "você", que designa indiferentemente todos os "você"? E o que dizer dessas expressões que os linguistas chamam de dêiticos – "eu", "aqui", "agora" – pelos quais designamos o que é o mais presente, o mais imediato, o mais concreto, através do mais vazio, do mais universal, do mais abstrato? Sabemos que não são as palavras em si, a cantilena corriqueira dos pronomes pessoais que bastará aos amantes para se exprimirem em sua língua, para dizer o que guardam no coração. Contudo, eles têm à disposição apenas as palavras deixadas por sua tribo. Por mais que sejam criativos, eles não vão reinventar a gramática. Por outro lado, eles não podem ficar mudos, eles têm de se falar de novo: "Por que você não diz nada? Por que está quieto?". Para voltar a falar, eles vão adicionar ao eterno refrão, à repetição nauseante, um sinal, um choque, um abalo, uma coisinha qualquer, um não sei o quê que vem de dentro e marca a frase com um selo de autenticidade. O interlocutor vai receber ao mesmo tempo, em estereofonia, as duas mensagens: a da repetição do que foi redito e a da repetição da renovação. Ele poderá se servir de uma como chave para decodificar a outra: ou decide anular o discurso amoroso, percebendo a banalidade do que ressoa ao fundo (*maçante, tão maçante*), ou é tocado pelo refrão por trás do qual ele ouve o chamado à aproximação. Assim como um ícone indica que a bateria de um computador portátil está sendo recarregada quando o ligamos à corrente elétrica, as palavras que usamos ganham uma tensão fulgurante para assinalar que naquele exato momento elas também vão recuperar o sentido.

Portanto, não se julga a verdade das palavras amorosas ou religiosas pelo seu grau de antiguidade ou novidade, mas pela forma como elas se encadeiam para conduzir ou não conduzir a energia que vai distanciar ou aproximar, matar ou salvar. Pouco importa que pareçam velhas, amareladas, veneráveis, ou, ao contrário, novas, frescas, luminosas. De toda forma, isoladas, elas não têm sentido em si: é unicamente a corrente, a série, o encadeamento que dá o sentido. Ou melhor, os dois sentidos, conforme os anéis se conectem pelo que os transportou intactos ou pelo que os transformou totalmente. Como se cada um dos anéis tivesse duas configurações ativas, dois canais, duas formas de conexão: uma que indica a distância indefinida entre as diversas situações dispersas no espaço e no tempo e outra que marca, para cada situação, a retomada, a recarga, a torção que por determinado tempo tornou a frase precedente compreensível. Mas, infelizmente, por definição, a breve inovação, o breve abalo, a hesitação, a dessemelhança, a retomada, o recuo, a mentira, a elaboração que permitiram a um povo apropriar-se da linguagem de seus predecessores confundem-se mais tarde com aquilo que atrapalha seus descendentes na compreensão da mensagem. As inovações de um casal de amantes para expressar seu amor com as palavras gastas das romanças não servem para outro casal, que agora deve recuperar duas expressões gastas, em vez de uma: a nova perdeu o frescor tão logo foi dita, pois se dirigia a perfeitos estranhos e, portanto, não pode servir para nós, aqui, agora.

Dito de outra forma, graças ao primeiro modo de conexão, as frases são facilmente transportadas pela intermediação do arquivamento e da repetição, mas elas *se bloqueiam* toda vez que são deslocadas no espaço e no tempo: para desbloqueá-las, é preciso retomar tudo a partir do início, mas tendo como recurso apenas as pobres palavras recebidas em herança, pressionadas, fragmentadas, deformadas e retorcidas. Há, portanto, duas histórias coexistentes, costuradas uma na outra, como as duas histórias dos amantes: a primeira percorre a série de expressões que foram falseadas, renovadas e depois falseadas novamente, de modo que essas camadas sedimentadas de meias mentiras e meias verdades terminam por criar a impressão de uma grande bagunça da qual se tem de sair a todo custo para não sufocar. E a segunda, humilde e discreta, retroativa e sutil, maleável e obstinada, interliga todos os momentos de retomada no curso dos quais se percebe que, através da diversidade das expressões sucessivas e das sucessivas decepções, o objetivo foi sempre dizer a mesma coisa a povos diferentes, que da mesma forma são tocados. A insuportável mentira torna-se verdade luminosa: "Ah, é isso que eles queriam dizer!". Considerada segundo a série longitudinal das repetições que vão do passado para o presente por reiterações e deformações, a história é um tecido de mentiras, a religião é o próprio exemplo do absurdo; resgatada segundo a série – de certa forma transversal – das reiterações que vão do presente para o passado, a história torna-se novamente verídica, e a religião (ao menos nessa tradição do discurso sobre a Palavra) é o próprio exemplo do surgimento do sentido.

Apesar disso, é impossível estabilizar definitivamente a relação entre essas duas visões, essas duas histórias – da mesma forma que os amantes, depois de reconciliados, não conseguem acreditar que estarão para sempre unidos e próximos. O discurso religioso é como aquele tecido que encolhe continuamente do qual fala Dante no *Paraíso*: para que ele mantenha o comprimento, temos de lhe acrescentar retalhos. A mentira e a elaboração são constitutivas da expressão religiosa, porque temos sempre de alterar os enunciados, os rituais, para continuar a dizer a verdade no presente, e porque só podemos fazer essa alteração, essa mudança, esse afastamento, torcendo as palavras venerandas que arrancamos de seu contexto passado para fazê-las dizer algo atual que elas nunca significaram, e porque essa invenção necessária à retomada da mensagem, essa fantasia, esse remendo, assim que são pronunciados, dificultam a compreensão dos descendentes, que devem se apropriar da antiga palavra torta *e da antiga emenda* para decidir compreender bem, graças ao intenso trabalho de renovação da geração precedente, ou compreender *menos bem*, em virtude do acúmulo de distorções que se tornou vertiginoso no decurso do tempo. Aquele que acredita que pode fazer melhor e de forma mais simples para tornar a religião diretamente apreensível, sem intermediário ou interferência, fará sempre pior e de forma mais obscura.

Não há nada de muito extraordinário nesse cruzamento de sentidos. Todos nós já experimentamos a diferença entre a série longitudinal e a série transversal quando ficamos atentos ao ritmo de uma música contínua. Há o fluxo do tempo que segue sempre em frente, com começo, meio e fim, e há a batida constante, que marca as mesmas cadências e os mesmos tons e, a partir do fluxo lateral, produz a figura transversal da cadência. É impossível separar os dois: sem a continuidade da melodia, nunca perceberemos o ritmo. E, no entanto, o ritmo se insere indiretamente, obliquamente, enviesado, por repetição, na continuidade do fluxo temporal que transporta o ouvinte. Ele não é exterior, sobreposto, mas interno, criado, *forjado* pela passagem do tempo.

As frases, os textos inspirados têm a mesma estrutura: eles contam uma história que tem começo, meio e fim, mas ao mesmo tempo marcam uma cadência, criam um ritmo pela retomada incessante dos mesmos movimentos. Eles quebram a continuidade temporal para impedir que o ouvinte se prenda à série longitudinal, que se deixe levar pelo sentido da história, frequentemente anedótico, até se tornar capaz de ouvir, até ficar atento, até conseguir escutar a série transversal, vertical, a mensagem costurada obliquamente no interior da outra. Mas essa mensagem, como o ritmo marcado pela bateria, não é exterior à história, mas interna a ela. É essa história retomada, interrompida, cadenciada, ritmada, repetida. É impossível separá-las, assim como é impossível separar a forma do jato de água do fluxo de gotas que o materializa, renovando-o a cada segundo. Podemos dizer desses textos que eles "salvam", porque imitam por seu movimento aquilo de que falam: no curso da narrativa contínua que passa, restabelece-se um tempo que não passa. Esses textos santos, esses textos raros dizem que não se vence a morte lançando-se fora do tempo, mas forjando-o de certa forma para lhe dar ritmo, cadência, estrutura. Dizem que se fracassassem em exprimir essa inversão no curso do tempo, então a morte, no fim das contas, venceria. Na era moderna, Péguy, ao inventar um estilo repetitivo, recuperou essa pulsação da qual, hesitantemente, estou tentando extrair novamente a teoria.

À vista desse mecanismo que não tem nada de irracional, embora suas engrenagens raramente sejam descritas, compreendo melhor por que jamais eu teria conseguido *purificar* o discurso religioso: a impureza fazia parte das condições do esquema. Privar-se da mentira, da elaboração seria fechar-se no inefável ou na banalidade de um sentimento tão universal quanto desinteressante. Só há um caminho: o caminho dificultoso da torção, da perda de sentido, do arquivamento, da reiteração, da retomada da retomada – e assim sucessivamente no transcorrer dos anos. Não há discurso religioso que não seja hesitante, vacilante, obscuro. A não ser que desliguemos a máquina de tecer sentido, e por preguiça ou covardia deixemos se acumular os atrasos de tradução. Então falaremos de maneira clara e direta, mas a ouvintes que não compreenderão uma vírgula. Não há discurso diretamente endereçado na religião – assim como nas ciências não há enunciados claros que não tenham um equipamento pesado. À verdade nua, mas gelada, preferimos sempre a verdade agasalhada em seus véus de veludo forrado.

Entendo melhor também o que havia de lamentável na solução das "restrições mentais". Não sou obrigado a traduzir palavras mentirosas em um idioma que finalmente seja preciso e apropriado, pois nenhuma camada de linguagem, por mais atual e nova que seja, é preferível à camada mais antiga, mais desgastada, mais insossa, se lhe falta o clarão, o brilho de sua recarga. E reciprocamente, uma vez realizada essa torção, essa retomada, todos os movimentos de recuperação se adicionam uns aos outros (mas não se trata de adição, é antes uma multiplicação) em uma recapitulação alternativa que justifica tanto as mentiras devotas de uma pastora humilde quanto as sublimes invenções de uma mística instruída. O que eu pretendia transpor para a minha língua interior é palavra por palavra – não, porque nem uma palavra é a mesma – o que se dizia na linguagem inepta – não, direta e adequada – que eu queria traduzir. A tradução não progride, não inova, apenas nos permite compreender hoje que os antigos compreenderam exatamente a mesma coisa no passado e, portanto, é totalmente inútil repeti-la de outra forma. No entanto, se concluímos dessa identidade provisória entre essas duas formas de compilação que retomar o trabalho de tradução tornou-se supérfluo, então essa veridição está perdida para sempre, assim como o amor dos amantes se perde quando eles param de repeti-lo, pois não se trata de transportar um tesouro intacto através dos tempos, mas rechear o cofre, arriscando-o de novo na mesa de jogo – *banca!*

Mas nesse caso, se não tenho mais de purificar a mensagem nem multiplicar as restrições mentais, finalmente vou poder recitar o meu *Credo* sem peso na consciência, sem agonia. Vou poder falar de forma direta e livre; minha língua não vai mais colar no céu da boca; não vou mais enrubescer. Ao recuperar de uma só vez as hipotecas que pesavam sobre os meus ombros e dos meus descendentes, vou falar sem tormento, vou jubilar de verdade. Mas, infelizmente, parece ainda bem distante o tempo em que poderemos usufruir de nossa herança, pois um novo fenômeno de interferência virá retardar o processo, como um fisco injusto exigindo impostos exorbitantes. Isso acontece porque uma outra forma de narrativa vem se colocar entre a série longitudinal das narrativas e a série transversal das repetições. O motor, mal começa a funcionar, engasga de novo. Os credores se amontoam, a dívida torna-se novamente infinita.

Parece que o diabo, mantido à distância por alguns instantes, encontra nas bifurcações necessárias à retomada do sentido a tão sonhada ocasião para nos fazer meter os pés pelas mãos. É grande a tentação, quando estamos às voltas com uma cadeia de enunciados tradicionais (que incluem, portanto, formas ancestrais, mais a sua retomada, mais o seu esgotamento, mais a sua retomada), de *simplificar* uma transferência que exige tanta habilidade, tanta atenção, tanto recolhimento, tantos escrúpulos. Isso se faz sub-repticiamente, como se você estivesse tateando no escuro e alguém lhe oferecesse de repente um corrimão. Nós conhecemos bem esse apoio: é o dos enunciados portadores de informações. Como numa chave de mudança de trilho, o entroncamento se desvia tão discretamente que não percebemos que mudamos de linha, e que para nos salvar das dificuldades reais – a retomada de uma mensagem exigente – enveredamos num labirinto de questões cada vez mais espinhosas. Para nos fazer trocar o certo pelo duvidoso, o diabo nos envia uma de suas muitas almas condenadas: o demônio da *racionalização*. Ele nos sussurra a tentação no momento de maior fragilidade, quando necessitamos do mais sutil discernimento, no exato instante em que hesitamos trocar uma forma antiga por outra nova, sem saber muito bem se se trata de mudança ou mutação.

Opusemos tanto a "fé" à "razão" que parece difícil afirmar que hoje a religião possa estar racionalizada até a medula dos ossos. E, no entanto, o que nos impede de resgatá-la não vem da estranheza de suas palavras, do arcaísmo de seu mecanismo, mas da massa prodigiosa de racionalizações que a tornou cada vez mais incompreensível com o passar do tempo, à medida que se tentava esclarecê-la. "Racionalizada" não significa "razoável" nem "racional", mas somente que, toda vez que foi necessária uma tradução nova, tentou-se substituí-la por uma questão de informação tão conveniente quanto incongruente, para dispersar a tensão da retomada. Dava-se a impressão de falar mais logicamente, mas de um mistério de inteligência passou-se para um mistério de absurdo. Devemos frustrar esse paradoxo – não, essa armadilha diabólica.

A história da arca de Noé é um exemplo típico de elaboração que deve ter permitido a um povo distante de nós no tempo retomar uma mensagem anterior, à qual não temos mais acesso direto. O sentido se perdeu ao passar pela abertura da história longitudinal. A menos que a narrativa veneranda seja alojada em uma mitologia comparada do mundo antigo, mas nesse caso descambaríamos para a arqueologia, não tentaríamos transformar mais ninguém por meio de uma narrativa que não nos diz nada. Pela abertura da história transversal – ao menos insisto em acreditar nisso –, deve existir um acesso – atualmente obstruído – que nos permita recuperar o que abalou esse povo a ponto de fazê-lo exprimir sua retomada por uma invenção tão notável, pelo empréstimo de um mito disponível na época, a não ser que ele tenha transfigurado um acontecimento geológico de uma antiguidade extraordinária. A que corresponderia para nós, hoje, aquilo que eles quiseram representar pelo dilúvio? Punição? Renovação? Dependência? Esperança? Recriação? Ainda não sabemos. Mas vamos supor que, no exato momento em que hesitamos, sejamos tomados pelo prurido da racionalização a ponto de nos perguntar: "Que tamanho deveria ter a arca de Noé para abrigar com folga um casal de todos os animais da terra? De que madeira foi feita? Que quantidade de feno Noé e seus filhos tiveram de estocar? Como evitaram uma disseminação rápida de epidemias num espaço tão confinado?". Ao nos fazer tais perguntas, sentimos que alguma coisa não bate, que existe uma dissonância, um desacordo, que cometemos um erro de raciocínio – mas qual?

É porque tentamos fazer perguntas razoáveis a uma narrativa manifestamente irrazoável – o que teria tanto sentido quanto perguntar a um louco que acredita ser Napoleão se sua mulher se chama Josefina? É porque tentamos aplicar nossa pobre razão humana a narrativas reveladas cuja operação misteriosa será sempre inalcançável para nós? É porque tentamos tomar ao pé da letra uma história metafórica que, naturalmente, quer dizer outra coisa? Não, essas três soluções, a primeira crítica demais, a segunda devota demais, a terceira metafórica demais, nos impediriam justamente de perceber a que ponto nossas perguntas estão fora do tom. Nosso erro é outro: simplesmente tentamos estabelecer entre nós e a narrativa uma ponte de referência que nos permitisse transportar a informação desde o passado até o presente, enquanto o texto queria transportar a transformação de seus *leitores desde o presente* – o presente deles – até o passado. Cometemos um erro de categoria, o mesmo do amante que responde: "Eu já lhe disse isso no ano passado" à amante que pergunta se ele ainda a ama.

Se a racionalização é tão demoníaca, é porque ela torna inextricável a detecção desses erros de categoria. Ela nos faz cometer erros de segundo grau, erros reflexivos – os mais graves, porque dizem respeito às próprias condições da enunciação. Ela transforma a narrativa em uma questão de razoável e de não razoável, mas trata-se de coisa totalmente diferente: expressar a diferença entre palavras que dão acesso ao distante e palavras que produzem proximidade. Se essa racionalização merece críticas, não é de forma alguma por envolver a razão em domínios com os quais ela não tem nada a ver, mas por querer reservar o uso da razão exclusivamente para os transportes de informação. Dessa forma, ela a impede de nos dar a habilidade de falar do que agora, a propósito da pobre história de Noé e da pomba, pode nos converter. Ela sugere que *raciocinamos mal*, mas, na verdade, apenas nos *conduzimos mal*.

Se a racionalização pode nos complicar como que por capricho, é porque ela é ao mesmo tempo incapaz de raciocinar de verdade com os meios usuais do cálculo, do instrumento, da modelização, em resumo, da formatação, da formatação da informação. Assim como a crença, ela imita os movimentos da referência, mas sem pagar o preço. Se me meto seriamente a calcular o tamanho da arca de Noé para ela abrigar todas as espécies – do elefante ao ácaro, do baobá ao ranúnculo –, vou chegar a uma dimensão tamanha que, juntos, todos os seres humanos da época não seriam capazes de armar o casco. O que fazer, quando se chega a esse ponto? Continuar no caminho da veridição? Mas nesse caso a narrativa se torna tão absurda que evapora como orvalho. Teimar? Fazer escavações no Monte Ararate, tal como os criacionistas americanos, para encontrar no solo algum vestígio da arca de Noé? Mas se descobrirmos vestígios dela, que conclusões seríamos capazes de tirar? Nada além da existência no topo da montanha, de um pedaço de madeira datado por carbono 14. E daí? Qual a importância disso? Eu não lhe pergunto se você me amou anos atrás, mas se você me ama agora. Não lhe peço para me transportar por caminhos perigosos, controversos, a lugares distantes, a uma época passada, para me dar um controle frágil e provisório sobre eles, mas para me tirar hoje desse distanciamento mortal em que a crise nos mergulhou. Incapaz tanto de seguir o acesso científico, sério e debatido dos vestígios fossilizados quanto de agitar o esqueleto do nosso amor atual, a racionalização vai nos abandonar, perplexos, como o asno de Buridan,[4] sem poder nos dar nem o conhecimento nem a conversão.

O pior seria ceder à tentação e *responder* à exigência de racionalização. Cedemos tanto mais naturalmente quanto acreditamos ser o certo, na medida em que ela permite pôr certa ordem na mixórdia de histórias que recebemos da tradição. Tornando essas narrativas um pouco mais lógicas, um pouco mais razoáveis, mas sem poder levar a cabo nem o trabalho de informação nem o movimento de conversão, vamos torná-las ainda mais opacas, juntando novas confusões à miscelânea de antigas bizarrias. À medida que os racionalizamos, os verdadeiros escândalos – no sentido de oportunidade de compreensão – afundam num mar de inverossimilhanças que multiplica os escândalos – no sentido de obstáculos à compreensão, oportunidades de tropeço.

Diremos, por exemplo, que "Jesus ressuscitou". Se já não compreendemos mais essas palavras, como é sedutor perguntar com sensatez, sim, sensatez: "Mas então a tumba estava vazia?". E assim adicionamos um episódio a uma história que, com isso, se torna mais razoável – uma vez que um *conector* foi colocado – e mais irrazoável, na medida que acrescentamos à primeira incompreensão sobre o sentido da palavra "ressuscitado" uma segunda sobre o

---

[4] Refere-se ao paradoxo do filósofo do século XIV John Buridan, sobre o asno que morre de fome e sede devido ao dilema de escolher entre um prato de aveia e um balde de água. (N. T.)

episódio da tumba vazia. E como agora nos enredamos numa dupla incompreensão, o demônio da racionalização vai nos inspirar a sair dessa dificuldade com uma terceira sugestão muito sensata, um reflexo típico de toda boa dona de casa: "A prova é que o sudário estava no chão da tumba". E outras histórias virão, outras invenções, outras fantasias, mentiras piedosas, mas mesmo assim mentiras, em que o tecido manchado de sangue entrará em cena de mil maneiras diferentes. Depois, como crianças que começam a contar patacoadas e, para escapar, começam a inventar histórias cada vez mais improváveis, vamos nos esforçar em "provar" as invenções anteriores com outras invenções. Até que bruscamente, no meio do caminho, diante do ceticismo que todas essas enormidades suscitam nos racionais que bajulamos, mudamos de novo o tom e confessamos que estamos tratando de mistérios muito profundos para a compreensão humana. Com uma admirável liberalidade, em qualquer assunto em que não compreendemos mais o mecanismo de produção de sentido, vamos distribuir milagres. Depois, sempre hesitando, incomodados por ter inventado tanto, atormentados por ter semeado milagres de forma tão imprudente, por uma nova reviravolta vamos enviar relíquias aos laboratórios, retirar amostras de DNA, colocar eletrodos no crânio dos videntes – fragmentos de procedimentos científicos que serão suspensos tão bruscamente quanto os outros, assim que avaliarmos que levam *longe demais* no caminho da informação. Quando o demônio da lógica se intromete, o regime particular do discurso religioso torna-se indecifrável, e a racionalização, a verdadeira louca da casa (a imaginação), deixa atrás dela um rastro de confusão, tão incapaz de realizar o trabalho sério das ciências quanto de corrigir o trabalho da religião. O diabo triunfou: não podemos mais falar dessas coisas.

Graças à racionalização, tornamos os textos inspirados *apócrifos*. Em vez de recolher o sentido graças às fraturas da narrativa, eles o dissimulam, criptografam: distraem, entusiasmam, enganam. Os apócrifos anestesiam como o ópio. Não escutamos mais através deles a história transversal que pode nos fazer entender do que falavam esses escritos venerandos. A atenção do leitor foge para o tempo antigo: a morte triunfará porque o sentido do tempo se inverteu novamente. Por causa do verniz de lógica que depositamos sobre as pequenas narrativas, podemos descer o rio tranquilo da causalidade que empurra do passado para o futuro, ao invés de subi-lo com esforço permanente, sempre renovado, do presente até as suas origens. Em vez de realizar com muito custo a temida tarefa de repetir a mensagem para que seja compreensível para aqueles a quem é dirigida, contentamo-nos em *deduzir* as consequências a partir das premissas, fazendo o leitor assistir a um espetáculo que ele vê de fora e que não tem mais o objetivo de transformá-lo: de toda forma, estava tudo lá, em germe, desde o início, a passagem do tempo apenas cumpre a inelutável *necessidade*. (O amante conhece bem esse abismo de iniquidade no qual ele mergulhou tantas vezes com deleitamento, fingindo não ouvir a generosa injunção da amante, procurando qualquer pretexto para se desviar de seus chamados e não retomar o caminho do amor – como um salmão preguiçoso que se abandona à corrente, em vez de subi-la, saltando obstáculos e desafiando a gravidade, para regressar ao local de desova onde nasceu.)

A expressão "Virgem Mãe" tornou-se incompreensível há muito tempo? Não importa, vamos afirmar com uma cascata de racionalizações que "Maria nascida sem pecado" existiu "por toda a eternidade" e não conheceu "o pecado original dos filhos de Eva": um "plano divino", oculto aos olhos dos homens, previra desde sempre o pecado de Adão e preservou aquela que conhecemos como a "Imaculada" – um conector adicionado tardiamente para acabar com os violentos ataques de racionalização daqueles que já não conseguem mais compreender como um "Deus" pode ter "nascido" de uma simples mulher. Toda a História sagrada será repetida como o desdobramento de um raciocínio, de uma montagem, de um compromisso *lógico*. É claro que o edifício é frágil, repousa sobre um número vertiginoso de hipóteses que se tornaram absurdas com o passar do tempo e, no entanto, não é a sua irracionalidade que o torna mentiroso, mas os seus *excessos* de racionalização: todas essas piedosas invenções substituem o salto igualmente vertiginoso do acontecimento presente pelo simples desenvolvimento de uma dedução. Acabamos falando da "vinda do Senhor" como falaríamos do Big Bang e da mutação das partículas acarretada por ele "como consequência". Para saltar de um presente a outro, evitamos o duro trabalho da tradução e confiamos no jogo mecânico de um encadeamento de causas e efeitos. Chegamos ao ponto de desfigurar a Providência para transformá-la numa simples prospectiva, numa miserável previsão. A racionalização consegue virar de cabeça para baixo a enunciação religiosa. Tudo se tornou simplesmente lógico – mas não consegue convencer um único espírito honesto e razoável, apesar de todos truques da apologética. Se, em paralelo, mantivemos intacta a ideia de um "Deus" todo-poderoso e onisciente, externo à história, absolutamente estável e durável, modelo e padrão dos valores e dos bens, então não há mais nada que possamos fazer, o sentido desses textos desapareceu para sempre. De agora em diante, o tempo passa em vão, o presente vem em vão, os textos são lidos em vão. Não há mais ninguém encarregado de resgatá-los, recolhê-los; não há mais teurgia; o povo dos próximos debandou; estritamente falando, não existe mais religião. Sim, a morte venceu. Só o diabo sorri por baixo da barbicha.

Mas agora a solução está dada: assim como os restauradores de quadros retiram os acréscimos, o verniz, os retoques, os vestígios das sucessivas restaurações que obscureciam a tela para lhe devolver as tonalidades vivas de antigamente, basta suprimir todas as racionalizações para recuperar o sentido original. Se as encantadoras narrativas da infância de Jesus soam como acréscimos tardios, compilados pelos autores anônimos do Evangelho dito "de São Lucas" para tornar menos ilógico aos ouvidos gregos o caso um pouco difícil de engolir do nascimento virginal, então vamos retirá-las! Se, raspando mais fundo, esse nascimento milagroso aparece como resultado de uma racionalização que se tornou necessária pela invenção precedente da expressão "Filho de Deus", cuja compreensão se tornou difícil, então vamos deixar esse dogma morrer. Se, limpando mais intensamente, descobrimos que essa expressão não tem sentido aos ouvidos judeus, que se trata provavelmente de uma racionalização *a posteriori* de uma formulação do Jesus histórico: "O reino de Deus está próximo", então vamos raspar fora essa formulação indesejável. Se a narrativa da tumba vazia parece uma fantasia adicionada posteriormente para suavizar uma narrativa de ressurreição muito dura, vamos nos desfazer dela – e, já que estamos com a mão na massa, vamos nos livrar das relíquias, do sudário, de todas as imagens de virgens de seios repletos de leite e cílios repletos de lágrimas, de todos os crucifixos sangrentos que se amontoam nos santuários. Vamos lá! Que finalmente tenhamos o sentido, desimpedido de todas essas racionalizações que, querendo torná-lo mais claro, mais razoável, mais maleável, mais lógico, só acumularam falsos problemas, multiplicaram artefatos, sem levar os caminhos de referência até o fim. Se a maior parte das mitologias religiosas não se origina de invenções irracionais, mas, ao contrário, derivam de racionalizações incongruentes que interferem no efeito de conversão, desviando-o de seus objetivos, então voltemos às únicas narrativas capazes de salvar aqueles que as leem.

Infelizmente, essa solução é tão impraticável quanto a da purificação. Se nos engajarmos na via da "desracionalização", da "desmitologização", não restará nada. Aliás, o exemplo dos quadros deveria nos fazer refletir (em vez de fazer tremer a mão às vezes pesada dos conservadores de museu), pois, retirando os acréscimos, o verniz, as sucessivas restaurações, corremos o risco de obter uma superfície pálida, tão distante da tela original quanto era o empasto escuro que pretendíamos remover. A cada restauração do sentido, a religião distancia-se ainda mais no tempo, ao invés de se aproximar: diante de nós há apenas alguns fragmentos de frases em aramaico pronunciadas por um certo "Ioshua", talvez nativo de Nazaré, carregadas de notas de pé de página, inaudíveis através de uma longa história de invenções e interpolações que se tornou opaca para sempre. O remédio é pior que a doença. Para evitar uma racionalização fantasiosa, caímos em uma desracionalização aniquiladora. Para evitar o verniz amarelado, retiramos os pigmentos que davam espessura ao quadro. Limpeza total. Senhor Limpeza. Não sobra nada. (Alguns estudiosos afirmam que se limpássemos totalmente *A santa ceia* de Leonardo da Vinci, que já foi restaurada uma vez quando o pintor ainda estava vivo, não sobraria nem uma camada de pigmento, os turistas teriam de se contentar com a contemplação de uma parede inteiramente branca!)

É porque a desracionalização, embora limpe profundamente, responde à mesma e devota intenção referencial e, em vez de nos permitir resgatar por qual veículo são transportadas através dos tempos narrativas que podem levar à conversão, ela nos deixa no limbo: nem no passado, nem no presente, nem no autêntico, nem no artificial. Somos inteiramente privados dos meios de saber como se faz para repetir a mensagem através de uma história que tem a mentira, a invenção, o exagero, a amplificação, a montagem, em resumo, a elaboração como propriedades fundamentais, e não há um princípio pelo qual possamos discernir a inovação salutar da elucubração lógica. De que serve limpar a fachada de uma mensagem, se não compreendemos o movimento que, por necessidade, deve manchá-la? Não é o resultado que nos interessa, mas o mecanismo, o *modus operandi*, o trabalho, a matriz que permite produzir novas mensagens. Ninguém pode se comprometer a não mais deformar ou reformar a mensagem religiosa, uma vez que a deformação e a reformação *fazem parte* da mensagem, únicos meios para que seja ouvida. É o princípio dessa deformação, dessa reformação, dessa elaboração, e apenas ele, que temos de apreender para falar livremente dessas coisas.

Para evitar mal-entendidos, houve uma racionalização. Resultado, os mal-entendidos se multiplicaram. E o solvente da desracionalização é cáustico demais. Para resolver a situação, eu precisaria que me dessem, em vez de narrativas *prontas*, o segredo da máquina que as produziu, e que poderia produzi-las hoje *de novo*. Tomaram meu espírito com essa grande questão do autêntico e do inautêntico, do original e da cópia, da antiguidade e da réplica, como se fôssemos pequenos Viollet-le-Duc encarregados de restaurar a Notre Dame de Paris, reconstruindo em pleno século XIX uma catedral verdadeiramente gótica. Mas hoje é tão impossível modernizar a religião como trazê-la de volta à sua pureza primitiva, porque não há mais mundo moderno nem mundos primitivos. A religião se torna arcaica ou se torna novamente contemporânea, conforme nos distanciamos ou nos aproximamos da fonte que produz novas narrativas estritamente de acordo (completamente estranhas) com os antigos. O original não está no passado, mas no presente, sempre no presente, o único bem que possuímos.

Uma solução menos drástica me é sugerida. Essas narrativas somente soam bizarras aos nossos ouvidos porque têm um "outro sentido", "um sentido oculto", "um sentido simbólico", que não envelhece nunca. Essas narrativas, segundo me dizem, queriam dizer *outra coisa*, que não as compromete nem com o racional nem com o irracional. É inútil, portanto, limpá-las a fundo. A sugestão, dessa vez, não é mais desracionalizar a base de solvente, mas propor uma tradução definitiva, que finalmente seja razoável.

Muito bem, genial, mas apresente-me essa outra coisa, essa verdade dissimulada sob aparências *naïves*. Duvido muito que expressões como "arca de Noé", "Jesus ressuscitado", "Filho de Deus", "nascimento virginal" e "sepulcro vazio" estejam lá por elas mesmas, que não ocupem o lugar de outra coisa *que não está lá*; então, por favor, conduza-me ao que elas indicam, em vez de me distrair, irritar e escandalizar com fórmulas e imagens que não são mais verídicas. Você não conhece esses lugares? Ah, não! Não me venha dizer que eles são inacessíveis, que são mistérios distantes, porque agora é de mim que se trata, agora, aqui; se você quer me transportar novamente para o distante, não, obrigado, prefiro os veículos lentos e sólidos, tortuosos e seguros da referência. Ao menos sei que com eles posso ir a todos os lugares, sem encontrar barreiras além das quais é proibido pensar. Você não vai me aplicar de novo o golpe de me desviar mais ainda para o distante, se é do próximo, da origem, do presente que meu espírito está sedento.

Certo? Podemos ir? Muito bem, agora me mostre os planos e mapas que você tem em mãos; me dê o decodificador que permite ler claramente o que está criptografado nessas mensagens até aqui indecifráveis. O quê? Você vai transformar "Filho de Deus" em "expressão do divino"? Então prefiro a primeira. Se você tem a audácia de me propor "mãe edipiana", no lugar de "Virgem Mãe", prefiro pertencer a esta Igreja àquela seita. Se você discerne "mitos indo-europeus" quando me falam de "trindade", sem eu compreender patavina; se você ouve "sabedorias eternas" quando leio "sermão da montanha", sem captar nada; se você entende "Jesus" como "a mais alta autoridade moral da humanidade", acho que vou desistir dos seus sentidos simbólicos e vou me contentar com a palavra que me parece mais precisa, mais perturbadora do que esse "espírito" insosso que, segundo você, ela expressa canhestramente.

Por que a leitura simbólica é sedutora? Porque permite colocar comodamente, lado a lado, a palavra e o espírito, como dois caixões estendidos em uma sepultura. Toda a dificuldade de se compreender as mensagens religiosas vem do fato de que elas são obrigadas a referir-se ao estado presente daqueles a quem elas se dirigem, repetindo os enunciados com uma violência, uma torção, que as torna impróprias ao consumo corrente da informação ou da comunicação. Uma dificuldade que apenas aumenta com o fato de essas mensagens estarem registradas em um livro descolado das condições de felicidade da enunciação – sobretudo quando se julga que essas Escrituras de "inspiração divina" são imutáveis e sagradas. É por causa desse descompasso, dessa *impropriedade*, que os enunciados religiosos dão uma impressão tão forte de estranheza que parecem desengonçados, remendados, falhos, imprecisos. Seus autores tiveram a maior trabalheira do mundo para fazer que os ouvintes, ao escutá-los, não se sentissem envolvidos numa lógica de informação que os transportasse para o distante, mas fossem tomados por uma lógica de transformação (sim, trata-se efetivamente de uma lógica, e até mesmo de uma mecânica, os amantes sabem muito bem disso) que os endireita e os torna próximos.

Mas se, acreditando agir corretamente, você começa a *polir* essas narrativas para torná-las mais coerentes, mais fáceis de engolir, menos marcadas por contradições, menos bizarras, você, ao invés de torná-las mais compreensíveis, as tornará ainda mais inadaptadas à injunção que elas comportam. Os interlocutores vão acreditar que, ouvindo "expressão do divino", eles têm de captar uma informação da qual cabe apenas verificar a exatidão e a autenticidade – ao passo que a expressão "Filho de Deus" tinha ao menos a vantagem de ficar atravessada na garganta, e o interlocutor ou a vomitava ou compreendia do que se tratava, o que não tem nada a ver com a "divindade". As expressões canhestras e literais da tradição são ásperas, cheias de arestas, reentrâncias, recobertas por um número suficientemente grande de parasitas e inverossimilhanças para que a retomada da mensagem possa enganchar-se nelas e conduzi-las na direção correta. Mas as expressões simbólicas pelas quais querem substituí-las, polidas, lógicas, audíveis, moldadas como supositórios, não podem fazer nada além de deslizar sem esforço por redes que as distanciam ainda mais do seu uso correto. Ao se tornarem ainda mais impróprias ao regime religioso do discurso, elas apenas imitam canhestramente os enunciados de informação, sem gozar de sua capacidade de transporte. Cedendo ao simbolismo, perdemos, uma vez mais, os dois cenários. Quanto mais tornamos a religião aceitável e moderna, digerível e bonachona, menos somos fiéis à sua ordem particular de dificuldade. É contra o simbolismo que devemos dizer: o espírito mata, só a palavra dá vida.

Confessemos então que as expressões religiosas querem dizer *outra coisa* muito diferente do que dizem, que designam um espírito que não se encontra diretamente na palavra, e que esse espírito não tem nada a ver com um sentido escondido pelo primeiro. É o que circula de fato, literalmente, em outro sentido, em outra direção, transversalmente, *apesar* da continuidade da narrativa. Sim, são *legendárias*, mas não queremos dizer com isso que elas sejam histórias fabulosas, mas, ao contrário, são como aqueles quadros que ficam na parte inferior dos mapas com referências sobre o modo como devem ser consultados. O que torna a solução simbólica tão desinteressante é que ela junta os sentidos ocultos enfileirando-os uns atrás dos outros, como se fossem faixas paralelas, mas sem alterar a *posição* dessas faixas. Ora, é justamente a mudança de posição e apenas ela que nos interessa para resgatar o movimento, a oscilação progressiva da série longitudinal dentro da série transversal das narrativas. Com o simbólico como solução, a segunda faixa de sentido fica *atrás* da expressão literal, mas ocupa exatamente a mesma posição da primeira. E a solução não melhoraria se imaginássemos, por uma espécie de gnose, um terceiro sentido oculto atrás dos dois outros, mas sempre paralelo a eles. O movimento religioso que queremos resgatar não é como um segundo biombo atrás de um primeiro biombo, como um rosto atrás de um véu, como um mistério atrás de suas manifestações, como uma verdade atrás de uma mentira, como uma frase atrás de uma charada. Essas pilhas de camadas sucessivas, esses véus acumulados uns sobre os outros como anáguas, mantêm o olhar fixo na mesma direção: eles o confirmam na vontade de alcançar o distante, o sempre mais secreto. Mas o objetivo não é contemplar o distante, tampouco penetrar as aparências mentirosas para captar através delas a verdade oculta, mas reconduzir o olhar ao próximo, sim, ao próximo, ao presente que ainda espera ser resgatado.

O espírito não se encontra *atrás* da palavra, além dela, mas *diante e aquém*, à maneira da cadência marcada obliquamente, graças à passagem contínua da melodia. O que torna tão difícil compreender as expressões religiosas não é o sentido que estaria dissimulado sob a escada de Jacó, cujos degraus sucessivos se perdem nas nuvens e somente uns poucos privilegiados conseguem escalar. O que torna o sentido inapreensível é que ele é tão simples, tão visível e tão próximo que jaz diante de nós, abandonado por todos: uma criança poderia pegá-lo – uma criança o pegou. Sim, essas palavras datadas querem dizer outra coisa, mas, não, essa coisa não está distante de nós. Somente a sua proximidade é que a torna difícil de compreender. Enquanto ela permanece distante, sabemos com certeza absoluta do que não se trata. A relação não é a do modelo com o protótipo, da fachada com o interior, da frase com o que ela *quer dizer*, mas a do enunciado enviesado, torcido, alterado, deformado, conspurcado com a *pessoa que quer dizê-lo*. Aí está toda a simplíssima dificuldade.

Você vai querer, mesmo assim, permanecer na letra? Que nos tornemos literalistas, fundamentalistas, como aqueles que estão convencidos de que podem abrir a Bíblia como um anuário ferroviário ou um tratado de geologia que o sentido de cada frase lhe saltará aos olhos, diretamente, sem nenhuma interpretação, tão claramente como se eu pedisse em prosa: "Toinette, traga as minhas pantufas"?[5] É claro que não, porque essa solução literal seria o mesmo que abandonar para sempre o sentimento religioso, não imaginando nenhum outro regime discursivo que não aquele da comunicação duplo clique. Os criacionistas e outros literalistas já não conseguem nem mesmo se recordar de que houve um tempo em que se falava para designar algo que não era o acesso ao distante. Em vez de manifestar sua irracionalidade e seu arcaísmo, eles mostram, por essa obsessão referencial, a que ponto são racionalizados

---

5 Essa frase faz referência às afirmações divertidas de Monsieur Jourdain para o professor de filosofia em *O burguês fidalgo*, de Molière, para traçar a diferença entre o verso e a prosa. (N. T.)

e modernizados, já que para eles não existe outro meio de julgar a verdade de um enunciado a não ser por sua capacidade de dizer a verdade *à moda* de uma transferência de conhecimento sem nenhuma mediação. Eles não fazem qualquer distinção entre a asserção de um texto sagrado – "A Bíblia afirma que o mundo foi criado em seis dias" – e o oráculo de um relógio falante – "Ao terceiro toque serão exatamente 8h7min30s" –, exceto que a primeira parece mais certa e mais autorizada do que o segundo... Como se equivocar mais na compreensão dos textos bíblicos do que confundi-los com escritos que tratam do estado do mundo? Como desprezar mais os anjos mensageiros do que transformá-los em fibras óticas que refratam fielmente a luz? Como pronunciar mais em falso o nome de "Deus" do que julgar o que ele diz em termos de quilobytes?

Sim! Podemos piorar as coisas, basta abandonar completamente o referencial e começar a *estetizar* a religião. Desistimos de fazer esses textos, essas músicas, esses rituais dizerem outra coisa além do que exprimem, mas sem lhes devolver o espírito que os anima: atemo-nos à letra, transformamos todas essas elaborações arriscadas em *obras* mais ou menos geniais. Acabamos com a querela das leituras simbólicas, literais ou espiritualistas. "Sim, é verdade, você tem razão, a religião não quer dizer mais nada hoje. Mas quanta beleza, quanta riqueza, quantas emoções, quantas lágrimas, quantos estremecimentos ela lhe proporcionará! Ah, os motetos, os anjos barrocos, os tímpanos, os paramentos dourados, as procissões solenes, os coros infantis ressoando sob os arcos romanos entre nuvens de incenso..." A salvação pela arte. O gênio do cristianismo. Uma solução aparentemente caridosa que vem para matá-lo definitivamente.

É verdade, existe certa semelhança entre os regimes de enunciação religiosa e artística: contra a comunicação, essas enunciações têm uma frente comum, pois ambas são acusadas de não informar com fidelidade; ambas compartilham a mesma necessidade de fantasiar, de mentir para dizer a verdade; para serem compreendidas, ambas dependem da participação do locutor profundamente emocionado pelas obras e pelos anjos. É compreensível que essas semelhanças sejam suficientes para fazê-las estremecer juntas; que o discurso religioso nunca se tenha movido sem trazer com ele todas as belezas que podia invocar; que a arte nunca tenha brilhado sem que as divindades lhe tenham sorrido. Porém, não podemos confundi-los. A arte não salva nem ressuscita, a não ser por metáfora. Pode transformar, mas não converter. Porque a direção de seu impulso é exatamente oposta à do discurso religioso. Se ele não se confunde tampouco com os caminhos laboriosos da informação, apesar de tudo, ele ainda desvia o olhar rotineiro para o distante, o remoto, o estranho – se bem que, contrariamente ao trabalho da referência, nunca se preocupe em controlar os lugares a que dá acesso. É por causa desse *acesso sem acesso* ao distante que ele pode se apaixonar, fascinar, maravilhar. Mas a arte é misteriosa demais, espiritual demais, atormentada demais pelo além, enigmática demais, inovadora demais e também perversa demais para acompanhar o caminho da religião. Ela perturba, inventa, atrai, não desperta o povo daqueles que compreendem a tradição que líamos sem compreender. Confiar à arte o destino dos discursos santos teria tanto sentido quanto confiá-los aos veículos de informação. A religião desaponta o esteta tanto quanto o cientista.

Consequentemente, é possível que, abandonando a falsa ajuda da racionalização, da explicação simbólica, da satisfação artística, eu me aproxime finalmente do sentido verdadeiro dessas frases deformadas pelo uso, ou melhor, que elas se reaproximem de mim? O que tornaria verídicos esses rituais, esses gestos, essas narrativas não se encontraria nem *neles mesmos* em sua expressão literal, nem *atrás deles* nos temas dos quais seriam uma alegoria, nem em *sua continuação* no desenrolar de suas consequências lógicas, mas revelar-se-ia através de suas fendas, deformações, pontos, dessemelhanças, através de tudo o que os tornaria impróprios ao consumo normal de informações, inaptos a toda leitura literal, perigosos a toda forma de digestão estética, incompreensíveis a todo "comunicador"?

Além de sua mensagem explícita, essas narrativas comportariam uma codificação, uma criptografia que não se delinearia como uma outra mensagem atrás da primeira, mas teria a forma de uma injunção lançada antes da mensagem para *implicar* aquele a quem elas se dirigem? Não um sentido implícito atrás do sentido explícito, mas um sentido que *implica* antes do sentido que *complica*? Será que finalmente chegarei ao fim? Será que finalmente serei capaz de falar claro novamente?

Os monges do convento dominicano de San Marco, em Florença, pediram a Fra Angelico um afresco que representa o episódio do túmulo vazio. Conheço o suficiente de história da arte para ver que essa pintura "ilustra" a narrativa evangélica e para situar os códigos do programa, típico daquela época e dessa forma específica de piedade. Li o suficiente de exegese para saber que esse episódio é uma elaboração tardia, e que essa elaboração é uma daquelas racionalizações que obscurecem a mensagem ao querer clarificá-la. As condições de infelicidade cobrem tão perfeitamente esse admirável afresco que o sentido se perdeu para mim, simples turista, que hoje passa pela estreita cela. Só me resta desfrutar do prazer estético – e do prazer menos vivo pelo qual verifico que meus conhecimentos históricos "se aplicam" a esse caso particular. Entretanto, pouco a pouco, à medida que contemplo, a imagem começa a se fragmentar, deixando vazar cada vez mais bizarrices visuais: as mulheres santas chegam ao túmulo, mas não veem nada, ele está vazio; um anjo está sentado e com uma mão indica o vazio no túmulo e com a outra aponta a aparição do Cristo ressuscitado, que segura a palma do martírio e o estandarte da salvação – mas as mulheres não veem a aparição, porque estão de costas. "Ele não está mais aqui", diz o anjo no texto. Então onde está? De que trata essa ilustração arquiconhecida de um tema infinitamente repetido?

Um monge em prece, cujo corpo é cortado na metade pela moldura, como se dividisse o espaço da cela comigo e tivesse sido projetado sobre o afresco, olha sem ver, com os olhos baixos, o conjunto da cena. O pintor deve tê-lo colocado lá para que a sua figura me ajude a fazer a transição, envolvendo-me nessa história curiosa na qual nenhum protagonista vê *diretamente*: nem as mulheres, nem o anjo, nem o monge – nem eu, por consequência. Contudo, sou o único a ver, por trás de todos, a aparição de Cristo. Mas ela é apenas uma pintura – uma camada fina e frágil de pigmentos. O que vejo? Também não é aqui que está o que devemos resgatar. O dedo do anjo indica: "Ele não está mais aqui, ele não está neste afresco morto, nesta cela fria como uma tumba". Eu estava meio perdido: não havia nada para ver. Estou salvo: entendo o sentido do episódio. "Ele estava morto, ele está ressuscitado": não é no passado que devo procurar o sentido, mas agora, por mim, aqui.

O que *representa* esse afresco? Esse verbo transitivo possui numerosos complementos de objeto: a cena da tumba vazia; a devoção dominicana; o talento de Fra Angelico ou de seus discípulos; o trabalho de preservação e valorização dos monumentos históricos italianos. Mas o que mais ele representa? Uma mensagem codificada na mensagem precedente que diz: "Atenção, é dessa forma que ele deve ser lido. Fique atento. Não se trata de forma alguma da representação. Não é isso que se deve olhar. Ele não está mais aqui. Veja onde o colocaram". À narrativa lendária, ao sentido da invenção, soma-se uma legenda, no sentido de instrução de uso. No interior do tema, alojado nele, algo vem enfraquecê-lo, complicá-lo, metamorfoseá-lo, transfigurá-lo, torná-lo diferente de si mesmo, impróprio a todo uso rotineiro, a todo consumo estético, instruído, erudito, histórico. Por uma série de invenções minúsculas, de deslocamentos ínfimos, de sutis indicações visuais, de marcas de pintura, o afresco reinterpreta o texto, por sua vez composto por outras invenções, outras elaborações, outros descompassos, inverossimilhanças, interpolações, estranhezas que tornam ambos – o texto que retoma outras narrativas e o afresco que o ilustra – capazes de significar algo diferente daquilo que afirmavam explicitamente. À medida que minha meditação se aprofunda, a faixa longitudinal da representação é substituída por uma série transversal que ela também *representa*. Mas o quê? O que ela representou? Sim, é exatamente, literalmente, isto: ela re-presentou, mas dessa vez trata-se de um verbo intransitivo sem complemento: ela *apresenta novamente*, e isso transformou a história que me pareceu à primeira vista, quando penetrei na cela, indefinidamente distante no tempo e no espaço. Se o objeto do afresco não está aqui, na tumba, e se também não está distante no passado, ele está presente, novamente aqui, diante dos meus olhos. Enfim, vejo claramente, e o que vejo não está mais vazio, está pleno.

Se os amantes têm de pintar seu impronunciável D., também deveriam recorrer a essas legendas, a essas instruções de uso, a essas expressões de segundo grau para indicar, no interior de seu discurso, como se deve ouvi-los para entendê-los corretamente. Eles também multiplicariam as dissonâncias e os descompassos, as dissimilitudes e as torções, para mostrar que não estão falando de coisas banais, acessíveis, controláveis, mas – atenção! – de amor, de coisas perigosas, difíceis, complicadas, que têm a estranha particularidade de fazê-los existir naquele exato momento, de implicá-los, de fazê-los ser capazes de falar livremente – e a língua deles se solta conforme se aproximam um do outro, passando, em algumas horas, em alguns minutos, das frases mais acanhadas às respostas mais vivas. Eles também multiplicariam as expressões negativas: "Não é disso que se trata, você está cansado de saber; você sempre tenta escapar, desviar; você faz tudo para não entender; escute, escute o que eu estou lhe dizendo; olhe para mim!". Eles também adicionariam às formas usuais elementos de interferência, transversais, enviesados, para redirecionar o olhar, para forçar a atenção, para obrigar um ao outro a se tornar novamente presente um ao outro. Um tremor de voz, lágrimas, um movimento de cólera, um beijo talvez, não importa o que desviará, quebrará o tom habitual. No instante em que a crise se resolvesse, eles também se sentiriam próximos e presentes. E, contudo, nessa questão toda da qual depende a vida ou a morte do casal, nem um átomo de informação seria transmitido. Eles não seriam nem mais científicos, nem mais sábios, nem mais artistas – exceto que, adquirindo a experiência da crise e de sua resolução, a próxima prova os encontrará talvez um pouco menos desamparados, um pouco mais ágeis.

Mas, nesse caso, se é verdade que mesmo uma história tão desgastada, tão tardiamente elaborada como a da tumba vazia, revivida séculos mais tarde por um pintor florentino, pode, para um turista infeliz, cinco séculos após, representar novamente aquilo de que se trata, isso quer dizer que o peso da racionalização não é tão fatal como parece. No meio da figuração do tema lendário – "Veja, mais um afresco *sobre* a tumba vazia", "Veja, mais uma *ilustração* da Anunciação" – aparece outra legenda – não por transparência, mas como retomada de uma série de incisões, fragmentos e dissimilitudes – sobre o que o tema significa novamente aos olhos do visitante informado e habituado que se torna por um breve instante um convertido bruscamente chamado à presença. Por trás das condições de infelicidade da racionalização que deduz o presente do passado, aplicando o tema geral (a tumba vazia) a um caso particular (Fra Angelico em San Marco), distinguem-se, como entretecidos através da imagem, inseridos de forma enviesada graças às pequenas inverossimilhanças visuais, as condições de felicidade que se tornam tão vivas quanto no primeiro dia – não mais vivas, pois séculos se passaram e, voltando do presente ao princípio, poderemos *realizar* o que a narrativa antiga quis dizer para o maior número de fiéis dispersos por tempos muito mais longos: "Ele não está aqui, porque você procura os mortos entre os vivos? Por que você se joga no acesso ao distante através dessas palavras, quando se trata do próximo e do presente?". Tomada no primeiro sentido de "representação", a pintura é transparente, oferece-se ao prazer estético ou científico; tomada no segundo sentido de "representação", ela se torna opaca novamente e exige conversão. Ela já não significa algo remoto, mas dizer que alguém se aproximou.

É possível desarmar a armadilha engenhosa na qual o demônio da racionalização se esforçou para nos fazer cair? A invenção de uma forma nova pode não ser perigosa em si, desde que insira *avisos* suficientes sobre o modo de usá-la. No exato momento em que entendo as invenções pictóricas de Fra Angelico para tornar novamente impressionante o episódio desgastado da tumba vazia, compreendo também a energia, a fé, a teurgia que pode levar um verdadeiro discípulo a adicionar, em algum momento no decurso do século I, a narrativa da tumba vazia que ele fantasiou a partir do *corpus* mais antigo da Paixão, para comentá-lo fielmente, sim, fielmente, por intermédio de uma invenção marcante e piedosa. *Invenção fiel*: eis que me aproximo finalmente da fonte, do *modus operandi* de todas as narrativas.

Se, ao entrar na cela, uma distância assustadora me separava do autor da fábula, Fra Angelico e eu, o abismo se estreita diante da única e exclusiva presença, representada três vezes, capaz de suscitar através dessas três intermediações diferentes – a narrativa, o afresco, o meu pobre texto – três invenções oferecidas ao discernimento dos fiéis. Aqueles que elaboraram o episódio da tumba vazia certamente fantasiaram, mas *não mentiram*, ao menos não quando codificaram em sua primeira elaboração as instruções de uso que permitiriam captá-la e compreendê-la. Somos nós, apenas nós, os retardatários, que fazemos *retrospectivamente* de nossos ancestrais simples mentirosos (mentirosos piedosos, mas ainda assim mentirosos) quando nos esquecemos de nos apropriar de sua invenção, deixando de transmitir e adicionar a legenda correta, a maneira correta de ler que eles introduziram em suas narrativas para se proteger antecipadamente, como um talismã, de toda leitura errada, de toda leitura rotineira. Dito de outra forma, cada elaboração transporta, ao mesmo tempo, o veneno do encadeamento lógico e o antídoto de sua repetição. É de nós que depende, agora, hoje, o destino desse tesouro. Segundo o tomemos como simples dedução de consequências – uma narrativa histórica que vai do passado para o presente – ou remontemos do presente ao passado utilizando como apoio as asperezas do texto – uma narrativa religiosa que nunca buscou outra coisa senão converter o distante em próximo.

Tomemos, por exemplo, o Evangelho dito "de São Marcos". Não vamos tentar estetizar, racionalizar, purificar, desmitologizar esse agregado de perícopes costuradas umas às outras por estranhas redundâncias. Em lugar de tomar essas pérolas dispersas por fragmentos de informação que devem ser ressituadas em uma estrutura homogênea espaço-temporal em conformidade com os hábitos recentes da narrativa histórica, vamos nos esforçar em preservar os vazios, os suspenses, as fraturas, as inverossimilhanças. Sobretudo não vamos completar nada. Não vamos juntar nem tirar nada das inúmeras costuras, suturas, cicatrizes, emendas, interpolações, asperezas. Vamos aceitar, por algum tempo, que nenhuma informação nos seja dada sobre o que quer que seja. Ou melhor, enquanto a narrativa longitudinal encadeia os acontecimentos, desde o sermão de João Batista até a Ascensão, atraindo nosso olhar para o distante, para a Palestina, para o Império Romano, ficaremos atentos às instruções repetidas no texto para apreendê-lo corretamente, lê-lo corretamente, compreendê-lo corretamente. Dessa forma, a narrativa, considerada a mais rudimentar das quatro, torna-se de uma habilidade extraordinária, milagrosa. Quando a ouvimos segundo a série longitudinal, ela relata uma história maravilhosa; quando a ouvimos segundo a série vertical, ela nos diz *como* temos de compreender toda a história de salvação – para produzir novas. Os dois movimentos – o movimento contínuo da narração e o movimento descontínuo da repetição –, como a urdidura e o fio da trama, tecem uma só echarpe, versículo após versículo. É como uma tabela com dupla entrada de dados cujas linhas registram sequencialmente o sentido óbvio e cujas colunas, acionadas alternadamente como as teclas de um órgão, se preencheriam lentamente, revelando aos olhos maravilhados do leitor um segundo sentido vertical, inserido de viés no fluxo longitudinal.

Primeira coluna: *redundâncias* que nenhum esforço de verossimilhança consegue amenizar ("João esteve no deserto..."; "Ao entardecer, quando o sol se pôs..."; "E ele lhes dizia..."). Segunda coluna: *rupturas*. Vidas sofrem uma mudança súbita ("'Segue-me'. Ele se levantou e o seguiu"), corpos doentes são curados, demandas radicais são pronunciadas ("E se a tua mão te escandalizar, corta-a"; "Eis que nós deixamos tudo e te seguimos"). Terceira coluna: *reações* bruscas a essas rupturas súbitas: as pessoas constantemente "se espantam", "se apavoram", "se admiram"; elas se inquietam, se perguntam "quem é este", "com que autoridade faz essas coisas?". Quarta coluna: *incompreensões*, equívocos, exclusões. Há muitos enganos sobre o que está acontecendo ("Não é este o carpinteiro, filho de Maria?", "É Elias", "És tu o rei dos judeus?"). Todos os participantes se equivocam, "têm olhos e não veem", ninguém capta, ninguém entende: o moço rico quer seguir o mestre, mas rapidamente perde a coragem; os apóstolos se desentendem, se interrogam, se enganam, perguntam quem é o maior dentre eles; sempre ao revés, lamentam a falta de dinheiro ("Como poderia alguém, aqui num deserto, saciar com pão a tanta gente?"), dormem quando devem vigiar, traem quando devem ser fiéis; até a multidão, que, entre Barrabás e Jesus, escolhe Barrabás; até a morte, a última incompreensão sobre o acontecimento em curso.

Decididamente, não é fácil compreender do que se trata. Daí a coluna seguinte: a dos *alertas* e reorientações: "Ainda não entendeis e nem compreendeis? Tendes o coração endurecido?", "Não vos alarmeis", "Atenção, e vigiai"; "Depois de mim, vem o mais forte do que eu". Cada erro de interpretação é objeto de uma chamada brusca que reorienta a atenção ("Afasta-te de mim, Satanás, porque não pensas as coisas de Deus, mas as dos homens"). Você se preocupa em guardar ou não o sabá? Essa não é a questão. Você quer um sinal? Nenhum sinal lhe será dado. Você quer bancar o esperto com o casamento e o divórcio? Os esposos são uma só carne. Você crê que o Filho do homem não pode morrer? Ele morrerá. Você vai compreender finalmente? Sim, e essa é a sexta coluna, a mais vazia de todas: a dos *reconhecimentos* e satisfações. Alguns conseguem reconhecer finalmente do que se trata: o autor ("a boa-nova de Jesus Cristo"), o Pai ("Tu és o meu filho amado"), os demônios ("Tu és o Filho de Deus"). Os céus se abrem, os corpos se transfiguram, o povo acorda entre os mortos. Mas assim que ele é reconhecido, o *silêncio* se impõe: é a função da sétima coluna. "E ele os conjurava severamente para que não o tornassem manifesto", e "nada contaram a ninguém, pois tinham medo". Oitava e última coluna: os *envios*. O objetivo não é apenas encerrar o fio contínuo e horizontal da narrativa, mas também concluir o ritmo transversal e descontínuo da outra história: "E constituiu Doze, para que ficassem com ele, para enviá-los a pregar"; "Ide dizer aos seus discípulos [...] que ele vos precede na Galileia. Lá o vereis".

O que diz esse texto? Em leitura contínua, conta uma infinidade de histórias, objetos de crença, glosa e espanto; em leitura descontínua, transversal, não diz grande coisa e, sobretudo, diz pouca coisa. Decepção fundamental, constitutiva: os discípulos ficam chocados, surpresos; não entendem; são alertados a prestar atenção; por breves instantes, entendem finalmente do que se trata, ficam satisfeitos, mas perdem imediatamente o fio; buscam em todo lugar, para repetir tudo novamente. E tudo recomeça, o mesmo refrão escrito tangencialmente na repetição indefinida da mesma história de salvação. O quê? Ainda não entenderam? Contudo, instalados no centro do texto para que ninguém se engane, as narrativas de parábola explicam reflexivamente, explicitamente, conscientemente, como o texto deve funcionar, como se deve apreendê-lo. A parábola do semeador dá as instruções de uso: se o seu coração não está preparado, todas essas sementes secarão.

Como? Ainda não entenderam? Mas a última linha, a franja da echarpe, a base da tabela, deveria nos iluminar por um momento, para sempre: essa narrativa de ressurreição não diz claramente que se trata de vida e não de morte, de presença e não de ausência, de hoje e não de antigamente? Não é somente o fim da história longitudinal, mas é também a *lição* da história transversal, a repetição, a reiteração, a interpretação reflexiva de toda a questão. A narrativa da ressurreição não tem privilégio informacional, como se o texto culminasse nessa apoteose; ela tem, ao contrário, um privilégio de alerta: aqui está como se deve ler o resto da história e, sobretudo, como se deve repeti-la, a partir de agora, no futuro. Não se trata de morte, mas de vida. Sim, esse Evangelho, uma vez restabelecido, torna-se *inspirado*, porque ele próprio se tornou inutilizável para qualquer leitura informacional, comunicacional, recreativa, estética, maravilhosa; ele destruiu de dentro qualquer tentação referencial; ele se armou de proteções para que ninguém vá procurar em outro lugar, no passado, aquilo que aparece agora sob uma luz ofuscante, aquilo que está lá, bem diante de nós.

É uma responsabilidade assustadora: ou respondemos à tentação lógica e acrescentamos uma nova camada de racionalização a esses estratos sedimentares cujo peso nos esmaga, ou resgatamos por nossa vez o ritmo do conjunto das legendas, recuperando o que elas sempre tentaram nos fazer dizer e representar. Se é verdade que não podemos limpar as racionalizações, se é verdade que nenhum esforço de purificação pode nos aproximar do autêntico, é também verdade que nenhuma dessas elaborações sucessivas é em si um material ruim. Aliás, não temos escolha. Nenhuma forma de falar, por mais erudita, limpa, polida, desinfetada, desracionalizada e disciplinada que se queira, conseguiria avançar na direção correta, porque é justamente em suas fraturas, fraquezas, opacidades e dissonâncias que se revela a injunção que ela sempre se esforçou para nos fazer ouvir novamente, com invenções de louca inteligência. Não existe forma correta de falar de religião. Quem ousaria afirmar que existe o certo, o exato, o definitivo, a metalinguagem ortodoxa para falar dessas coisas? Mais vale decretar que, de agora em diante, os apaixonados só falarão de amor em inglês! Não existe discurso religioso que seja direto. Existem apenas *infra*linguagens, aquelas das gerações que nos precederam e que nós, por nossa vez, devemos tornar verídicas, assim como elas tornaram verídicas aquelas das gerações que as precederam, torcendo-as do começo ao fim por uma série de elaborações que só o diabo pode nos fazer acreditar que são simples mentiras. Mas, nesse caso, não haveria mais atrasos? A dívida estaria paga, as hipotecas seriam resgatadas? A diferença entre a verdade e a mentira seria tão sutil e tão radical como aquela que sentem os amantes entre a proximidade e o distanciamento? Tudo é falso na religião, tudo deve ser rejeitado; tudo é verdade, até a última palavra, não se deve mudar uma vírgula. Isso depende de nós, de você, apenas de mim.

Existiria, portanto, uma forma de enunciação original que falaria do presente, da presença definitiva, da realização, da consumação do tempo, e que, porque fala no *presente*, deveria sempre ser adiantada para compensar o inevitável deslocamento do instante para o passado; uma forma de discurso que teria como única característica constituir aqueles a quem ela se dirige como próximos e salvos; um tipo de veículo que seria absolutamente diferente daqueles que nós desenvolvemos para acessar o distante, para controlar as informações sobre o mundo.

Essa forma de enunciação não seria difícil em si, mas somente na medida em que se retome para recomeçar o trabalho de designação, de reintegração,[6] de ressurreição e de reparação de seus interlocutores.

Ela encontraria na linguagem amorosa algo como uma prefiguração, um modelo reduzido de suas condições de felicidade.

Embora não seja de forma alguma irracional, pareceria sempre mentirosa para os que buscam ou transportar a informação sem deformação – os defensores da comunicação duplo clique –, ou conservar intacto o sentido desses enunciados sem retomá-los sob outra forma, para outro tempo, para outras pessoas.

---

6 *Relevaille*: originalmente, a cerimônia marcava a volta da mulher à igreja após o parto; é um momento de purificação e reintegração à comunidade. (N. T.)

Como essas deformações são inevitáveis, o único meio de compreender seu movimento próprio seria participar dessa coreografia – ora fácil, ora difícil – da retomada, do desgaste, da retradução, da perda de sentido... e assim por diante. Essa dança serviria de prova para distinguir os hábeis dos inábeis. E ai daquele que cair diante de um obstáculo! Essa rigorosa seleção não significa que se trate de coisas sublimes, proibidas ao vulgo, mas que esse movimento muito simples de retomada deve ser cumprido, ou mal compreendido.

Para manter alguma chance de dançar conforme a música, as gerações sucessivas precisariam tomar o cuidado de acompanhar seus discursos, rituais, imagens, de instruções de segundo grau inseridas obliquamente nas histórias de primeiro grau, injunções que recordem a forma correta de compreendê-las, a maneira correta de falar em verdade. Mas com a passagem do tempo, essas injunções, essas maneiras de falar acabariam sempre mal compreendidas, e por isso é que deveríamos retomá-las sempre, com novos alertas.

Uma vez retomadas, todas as maneiras de falar, as novas e as antigas, as mais simples e as mais elaboradas, tornariam a ser igualmente verídicas, como se tivessem sempre designado a mesma coisa. Aqueles que as ouvissem ressoar de novo, claramente, voltariam a ser próximos e presentes, formariam um único povo confirmado em sua vocação ou recentemente designado, um povo que, por definição, jamais se limitaria por qualquer fronteira linguística, étnica ou cultura que fosse. Contudo, no momento em que perdessem o sentido desses enunciados, os locutores reunidos se dispersariam, tão estranhos uns aos outros como os filhos de Babel. Tão logo reencontrassem o sentido desses enunciados, formariam de novo um povo que cresceria tanto no tempo como no espaço.

Os momentos de retomada, de fidelidade, e os momentos de dispersão, de infidelidade, teceriam duas histórias para sempre misturadas cujo destino final permanece, até agora, indecidível. Ou melhor, a decisão está agora nas mãos daquele que se apodera do presente texto.

Esse regime de discurso teria a ver – mas como? – com o que chamamos concisamente de religião, ou, ao menos, com uma de suas tradições, aquela que foi pouco a pouco elaborada em torno do comentário indefinidamente retomado do Discurso, do Verbo, do Espírito. Ah! Agora, sim, finalmente me devolveram a palavra! Vou recuperar o gosto perdido das palavras. Sou livre de novo, sem vergonha e sem medo, porque possuo, em vez de enunciados já feitos, a máquina de fabricá-los. Não vou ser capaz de também eu produzir novos enunciados? Em vez de definir *negativamente* como fiz até aqui as condições de felicidade desse regime de enunciação tão perigoso, não vou estar apto a produzir *positivamente* os discursos salvadores? Infelizmente, as coisas não são tão simples, pois ainda tremo ao proferir o nome do impronunciável D. Certamente, não preciso mais me perguntar como é possível traduzir essas narrativas de salvação para que sejam ao mesmo tempo fiéis e novas. Mas a tarefa que me espera é muito mais temível: *devo compreender agora que gênero de seres é esse que varia em função da maneira pela qual nos dirigimos a eles.* Reconstituí a camada de transformações que transmite através do espaço e do tempo esses enunciados transformadores, eliminei a armadilha referencial, evitei os falsos problemas criados pela comunicação duplo clique, mas não sei o que pode querer dizer uma forma de discurso que evoca seres dos quais a aparição e a desaparição dependem inteiramente da maneira *como eles são ditos.* Como a existência de seres reais e prestáveis pode depender a tal ponto da pronúncia, das simples *maneiras de falar?* Que tipo de existentes é esse? Ao querer retomá-los, não destruí irremediavelmente a sua força? Nesse momento eu teria pronunciado o nome de D. em vão.

Compreendemos agora que esse regime de enunciação não é complicado: é simplesmente *frágil*. Um nada, o menor sopro, a mínima diferença temporal, e ele não quer dizer nada mais. Forçosamente, pois ele busca salvar definitivamente – provisoriamente – aquele a quem ele se dirige com palavras que realizam o que dizem. Quando começamos, por volta do século XVI, a desenvolver poderosos meios de transmitir informações sem deformá-las, o veículo religioso pareceu por contraste, e sem nenhuma surpresa, tão lento e instável que só poderia ser deixado de lado para avançarmos mais rápido e mais longe. Diante do poder da metrologia, o que restava a essa antiga forma de estabelecer para trás, retrospectivamente, os universais, com geometria tão variável? Foi pior quando, para salvaguardar seu domínio, a religião quis imitar a propagação dos impérios nascentes, afirmando que também podia falar com a autoridade do distante, controlar o fluxo das informações, dominar à distância, graças a um controle estrito dos padrões e dos cânones. Seu papel se limitou então à gestão de um domínio que só diminuía. Acreditando se salvar, ela se perdeu definitivamente, porque se tornou incapaz de se transmitir, transformando-se como fizera até então. A cada século, teve de ceder para sobreviver. Basta ver como as igrejas, ao menos em nossa região, se esvaziaram pouco a pouco. Quando percebeu que a nave era grande demais, abrigou-se na capela, deixando os lugares santos aos turistas e ao patrimônio histórico; depois foi a capela que ficou grande demais e a religião se refugiou na cripta; e quando começou a sentir que sobrava espaço na cripta, ela juntou uns poucos na sacristia. E amanhã? Ela se esconderá em um armário, não ousando mais sair. As congregações se perdem em naves grandes demais, como anões querendo vestir a roupa ricamente ornamentada dos gigantes. E, do lado de fora, elas não têm o que vestir, passeiam completamente nuas. É a religião limitada a simples excrescência.

Pode ser que, à época, o espírito do tempo – trata-se de uma hipótese – não sabia inovar investindo simultaneamente em duas formas de propagação tão diferentes e que, para desenvolver a máquina científica e imperial, tivesse de abandonar temporariamente o venerando mecanismo do discurso religioso. Estaríamos em melhor situação hoje? Agora que as ciências têm história e verniz suficientes para não ofuscar, seríamos capazes de controlar seus sutis avanços sem ter de desprezar o movimento específico da presentificação? Se ainda ouso falar, é unicamente porque acredito que posso afastar a sombra que as maneiras de proceder da ciência lançavam sobre as maneiras de ser da religião.

E, de início, sobre a particularidade desse tipo de discurso de ser *reflexivo*, obstinar-se em dizer nas horas certas e erradas como se deve dizer, sem nunca nos dizer, de uma vez por todas, o que devemos compreender. Do ponto de vista das ciências, trata-se de uma fraqueza inadmissível; do ponto de vista da religião, trata-se de uma propriedade essencial. A largura, o comprimento e a profundidade dessa decepção foram medidos? Tudo fala do discurso, mas esse discurso não diz nada. Ele não diz o nada, não fala do vazio, não se dirige a nada – o que já seria uma forma negativa de nos voltarmos para o distante, de referirmos. Não, o discurso contenta-se em falar do *bem* falar, em representar a maneira correta de *bem* representar. O discurso fala sobre o discurso, verbaliza sobre o verbo. Mesmo quando acreditamos desdenhá-lo, nós ainda o expressamos de forma apropriada: "Ele prega a *boa* palavra".

Para traduzir a palavra grega "evangelho", fala-se sempre da boa-*nova*, mas ninguém, desde que o mundo é mundo, explicou *qual era* essa famosa nova. Em termos de transmissão de informação, de quilobytes, de mensagem científica, é preciso reconhecer que se trata de uma colossal perda de energia, de um desperdício inconcebível, de uma impostura cósmica. Centenas de milhares de páginas escritas durante milênios por milhões de fiéis, para nunca dizer *do que* se trata exatamente essa nova que os perturba tão profundamente, para a qual eles estão prontos a dar seus bens e sua vida e da qual afirmam, com manifestações de alegria, que ela já os salvou. E você está esperando o quê? Se é mensagem, descarregue! Quantos bits tem a religião? Nem um único. Nem mesmo um mísero par de zero e um. Nem acesso, nem informação, nem mensagem. É porque ela propõe mais do que transferências de informação: ela transforma as pessoas ausentes em presentes, os mortos em ressuscitados.

Isso é impossível! Não se pode reduzir todas as paixões e razões religiosas, essa longa série de transformações, elaborações, invenções, a esta única e irrisória expressão: "maneiras de falar". Como você ousa afirmar que em cada uma dessas palavras cujo sentido se perdeu para nós – "Deus", "Verbo", "Palavra", "Espírito", "Ressuscitado", "Igreja" – ocultam-se simples maneiras de dizer, simples injunções reflexivas de segundo grau sobre a maneira adequada de falar, sobre o discurso correto? É como querer equilibrar uma pirâmide pelo vértice. Por qual aberração o poder religioso poderia se exprimir sob uma forma de discurso tão confusa? Como se fosse possível começar a falar dessas coisas dizendo: "No começo era o Verbo!". Você está brincando com as palavras. Você soma um artifício de intelectual aos grandes artifícios dos clérigos. E, contudo, é exatamente assim que começa o Evangelho dito "de são João", o qual também não explica o conteúdo do discurso, mas apenas a forma pela qual se deve recebê-lo. É com esses discursos frágeis – frágeis em comparação com os poderosos transmissores de informação – que convém nos familiarizarmos. Eu não tenho outra intermediação, se quiser recuperar o hábito de falar sem medo dessas coisas.

Quando os amantes, tomados pelo desvario da crise amorosa, acabam indefinidamente distantes um do outro, não podem mais contar com a *substância* de seu amor. Por mais que se espantem: "Mas nós não nos amamos muito e por muito tempo? Nosso amor vai nos tirar deste momento ruim, ele é mais forte", sentem perfeitamente bem que esse pequeno "Deus" não poderá fazer nada por eles, nenhuma força inercial os fará ficar juntos nem mais um único dia. Contudo, mais tarde, após descobrir em plena crise a porta estreita que os fez passar bruscamente do distanciamento à proximidade, quando estiverem chorando no ombro um do outro, e rindo da estupidez passada, eles se alegrarão ao ver que o amor retornou, forte e poderoso, *ao mesmo tempo* que a facilidade da palavra. E então, nesse momento, sim, eles poderão contar com esse amor que souberam renovar. Assim, quando o amor era uma substância da qual os amantes desejavam tirar as consequências – da mesma forma como se desconta um cheque de uma conta-corrente –, ele não podia fazer nada por eles, e os amantes permaneciam distantes, mudos, de cabeça baixa, obstinados, esperando que a crise passasse: não acontecia mais nada entre os dois. Quando eles se olham, se falam e alguma coisa *acontece* de novo, quando eles se tornam novamente presentes um ao outro, então o amor, além deles e entre eles, recupera o vigor, a eficácia, a força; ele pode ampará-los novamente para sempre, e eles têm absoluta (relativa) certeza disso.

Se os amantes desejassem qualificar a metafísica particular de seu amor, diriam que ele se apresenta sob dois estados: o primeiro é *substancial,* mas nesse caso ele é impotente, sem força de inércia; o segundo é *eficaz,* mas é porque eles se reaproximaram e finalmente *conversaram de maneira adequada.* Ou seu amor é uma substância cujos atributos não servem para nada; ou os amantes são capazes de fazer surgir os atributos e então, sim, seu amor fica *abaixo* – que é o que significa a palavra "sub-stância" – de todas as manifestações de ternura e afeição. Nesse período de graça em que se encontram, nunca ocorreria aos amantes esquecer quanto esse amor resgatado que os anima depende das frágeis condições de enunciação cujo segredo eles tiveram tanto trabalho para descobrir, embora seja infantil. Mas se eles se distanciassem novamente um do outro, então de fato nada desse amor que desapareceu entre as nuvens seria capaz de tirá-los do inferno em que caíram. Uma tal inversão dos papéis respectivos dos atributos e da substância parece assustadoramente difícil e, no entanto, praticamos todas as manhãs essa ginástica de ontologia contrastada.

Ainda é possível, hoje, tirarmos proveito desse exercício íntimo e frágil dos amantes para compreender a expressão "maneiras de falar", respeitando *ao mesmo tempo sua dependência das condições de discurso e sua realidade substancial?* Aí está como transformei a questão inicial: podemos falar novamente dessas coisas? É possível, com essa minúscula chama do amor privado, reacender o braseiro da religião? (Aliás, é desejável, quando conhecemos os estragos que esses incêndios causaram, os fanatismos, as tochas, os autos da fé que se acenderam em seu rastro?)

Sei que não existe mais nenhuma forma de vida coletiva, nenhum jogo de linguagem comumente aceito que permita amplificar o suficiente a experiência amorosa para falarmos não mais falar do micropovo formado pelos amantes "sozinhos no mundo", mas da grande nação virtual criada por aqueles que se dão conta finalmente do que queriam dizer seus predecessores quando liam, quando redigiam as Escrituras. A via pela qual passavam antes as multidões de fiéis tornou-se tão invisível quanto esses caminhos rurais tão cobertos de mato que, para encontrar a trilha, temos de consultar um mapa. Temos de abrir outros caminhos, se possível na cidade. Somos ainda capazes?

Falei demais, assumi riscos demais, agora tenho de ir até o fim. Será que me expressei bem? Fui claro o suficiente? Cometi provavelmente todos os pecados, refiz o círculo estreito de todas as sucessivas heresias; sem dúvida choquei, machuquei, escandalizei os de dentro e os de fora; mereço que me passem uma corda pelo pescoço com uma pedra amarrada na ponta e que me joguem num lago. Sim, talvez, mas ao menos não acrescentei nem um dia a mais aos atrasos de tradução. Joguem a primeira pedra os que podem dizer o mesmo.

Para falar desse discurso, não existe outra solução a não ser juntar palavras separadas por milhares de anos e esfregá-las novamente umas contra as outras para fazer brilhar a luz. Isso é ao mesmo tempo inútil – a distância é grande demais – e muito fácil: elas falam da mesma coisa, do presente, da presentificação, da representação. Se, por exemplo, eu ousasse falar da "operação do Espírito Santo" como os amantes falam de seu amor, se lhe desse a mesma realidade substancial dentro da mesma dependência em relação ao discurso, será que acharíamos essa expressão tão enigmática? É claro que se eu digo: "O Espírito renovará a face da terra", começo a procurar uma substância, um substantivo que tem como atributo, como propriedade, a ação da renovação. Fazendo isso, eu me distancio, olho para o alto e me perco nas nuvens. Mas se digo: "A *renovação do discurso* pode ser chamada, para um tempo e para um povo, de 'espírito' ou até mesmo de 'Espírito santo'", eu não me aproximo um pouco? Será que não consigo recuperar com mais precisão para um outro povo – o nosso – e para um outro tempo – o meu – o movimento do qual se trata? Não há nada no substantivo "Espírito" que não haja no verbo "renovar". Na primeira formulação, coloquei a substância antes dos atributos, a essência antes da existência, o nome antes da coisa, a carroça antes dos bois; na segunda formulação, começo com a enunciação e *termino* com uma substância: parto da existência, de sua frágil dependência da palavra correta, e em seguida a *recapitulo* por uma essência. Faço a coisa existir e, somente depois, a nomeio. Todo mundo concordará: se consigo suscitar a presença real da coisa, o nome exato importa menos, porque podemos, como no dia do Pentecostes, encontrar *muitos outros*, conforme os tempos, os povos e os lugares. Portanto, afirmar que o "Espírito santo" é apenas uma "maneira de falar" não é necessariamente distanciar-se de sua realidade e fazer um simples jogo de palavras, é também descer da substância inoperante e distante para finalmente refazer o que a própria coisa diz: "Ele renovou a face da terra". Em um caso, eu esboço um movimento de referência; no outro, busco hesitante uma fórmula no *particípio presente*: "renovando". É melhor nos ouvirmos participando no presente da coisa dita, ou manter intacto o nome de um substantivo que não pode fazer nada por nós e não podemos mais escutar?

Mas renovando o quê? O que o resgate resgata? Qual foi o penúltimo elo antes dele? De qual forma de falar ele permite falar adequadamente? Nós sabemos muito bem, compreendemos muito bem, não há mais dúvida: não devemos esperar nenhuma transmissão de mensagem, nenhuma transferência de referência, não nos será enviado nenhum bit de informação, nenhum só sinal. Só vamos captar a realidade do que se trata quando possuirmos, quando recebermos a forma correta de pronunciar essas palavras. Essa ligação entre enunciação e verdade material não é nem um paradoxo nem um mistério, mas a condição de felicidade que agora reconhecemos – que todos os amantes praticam sem fazer tempestade em copo d'água. Essa "renovação", denominada "Espírito" por alguns, rejuvenesceu uma palavra precedente que, sem esse resgate, teria sido incompreensível aos nossos ouvidos. Qual? A de um outro particípio presente que chamamos, em certos círculos, em certos momentos, "Jesus". Não há dúvida alguma de que, sem o espírito de renovação, essa expressão não tem mais sentido para nós, exceto se enveredarmos na pesquisa de informação e procurarmos saber, na companhia de arqueólogos e historiadores, o que aconteceu muito tempo atrás, possivelmente na Galileia e depois em Jerusalém. Mas esse transporte na direção do "Jesus histórico", que tem sua própria utilidade, sua grandeza particular, suas exigências específicas, seu rigor, sua seriedade, não pode ser confundido com a utilidade, a grandeza, a exigência, o rigor, a seriedade da transmissão que nos interessa agora – hoje, não ontem. Nos dois casos, trata-se de provas, de realidade, sim, de objetividade, mas a primeira dessas coisas é indefinidamente distante e controlável pelos caminhos da referência, enquanto a segunda está ao alcance das mãos, e é ela que nos controla, tornando-nos próximos e presentes. Ainda temos de aprender a nos deixar tomar por ela.

Chegando a esse ponto, não serviria de nada suspender a busca sob o pretexto de que toparíamos com um mistério impenetrável; também não serviria de nada cogitar substituir, por uma solução intermediária qualquer, a expressão muda por uma expressão simbólica mais razoável, mais plausível ou mais pura. Explorei cada um desses caminhos: descobri que estão todos obstruídos para sempre. Também é inútil jogar-se por desespero no poço sem fundo da crença. Não temos outra via, de verdade, de vida, a não ser esse caminho que encadeia uns nos outros, a partir do presente, os modos de falar, as boas palavras, as boas-novas, fazendo-os novamente claros e distintos para cada lugar, cada povo, cada tempo. A expressão "Jesus" não tem sentido em si mesma: ela indica o desenrolar do conjunto da cadeia de tradução, ela é coextensiva a todas as operações de conversão, de realização do sentido. Sua realidade substancial, sua corporalidade sustenta-se apenas enquanto todos esses atributos são manifestados e encadeados. Primeiro as manifestações e em seguida "aquilo que" é manifestado. Ou melhor, o "aquilo que" é apenas uma maneira de agrupar retrospectivamente, de manter juntas todas as manifestações de presentificação, o encadeamento de todos esses movimentos sucessivos, o fio infinitamente estendido sem o qual todas essas pérolas se dispersariam. Sem o movimento de translação, não há sentido para o substantivo "Jesus".

A palavra nos diz com exatidão e precisão que não se trata de uma coisa entre coisas acessíveis e controláveis, mas de outra operação de renovação, já que esse "Jesus" é também chamado o "Verbo". E o que diz esse verbo recomeçado, reenunciado? Nada que seja informação. Nada que dirija o olhar para o acesso ao distante, nada que permita galgar as nuvens e chegar a um outro mundo. Mais uma vez, ele prega a boa palavra. Exatamente como o espírito reafirma com outras palavras, a outros ouvidos, o que o verbo dizia aos seus, este reafirma o que, para outros ouvidos, estava perdido: "Cumpriu-se o tempo e o reino de Deus está próximo". Duas maneiras de falar, encaixadas uma na outra, permitem ouvir com estupefação uma terceira, que agora adquire, pela primeira vez, todo o seu sentido. Trata-se de uma informação, de uma substância? Não mais do que antes. Ainda não se trata de nos transportar por vários lances de escada a uma realidade distante, mas de nos aproximar de uma realidade que se tornou cada vez mais presente pelo discurso desse verbo, tornado compreensível aos nossos ouvidos pela renovação do espírito. Como se chamava aquele, o sem nome tornado presente, o impronunciável enfim revelado? Novamente, explicitamente, literalmente, devotamente, fielmente, humildemente, o nome diz a coisa de que se trata: "Aquele que é, Aquele que era e Aquele que vem". Dito de outra forma, sempre *dito de outra forma*: aquele que está novamente presente, definitivamente. Não impronunciável pelo distanciamento, mas pela proximidade. Perto demais, intenso demais para ser olhado de frente.

É difícil ser mais preciso, capturar com mais exatidão o efeito dessa maneira de falar que chamamos de religiosa – ao menos nessa tradição da qual eu gostaria de poder me considerar herdeiro, sem constrangimentos. Nenhuma substância, nenhum acesso, nenhum controle. Palavras que realizam o que dizem e que, por essa razão, chamamos sacramentais. Uma presença que arriscamos a todo instante perder, que deve ser reafirmada novamente pelo verbo, que deve ser reafirmado pelo espírito, que deve ser reafirmado por nós, sim, por mim também, aqui, agora, porque do contrário a significação seria imediatamente perdida. Esse é todo o estrato, toda a cadeia, toda a procissão que devem ser manifestados para que cada um dos elementos tenha um sentido. Se "Deus" bastasse, de que serviriam "Jesus" e sua pregação? Se essa pregação bastasse, qual seria a utilidade do "Espírito"? Se o "Espírito" bastasse, qual a razão de ser da "Igreja" e de seu pesado trabalho de discernimento? Se a "Igreja" bastasse, por que eu, aqui, agora, com as minhas pobres palavras? Se eu bastasse, o que você, leitor, estaria fazendo aí? E tudo deve recomeçar, em outro sentido, do presente para o passado: você deve finalmente começar a compreender o que eu reafirmo, que é apenas a repetição fiel da interpretação inspirada que a Igreja faz dos discursos santos que permitem compreendermos o que dizia o "Filho do homem" quando ele renovou o sentido das expressões venerandas sobre a presença transformadora daquilo que seu povo chamava "Deus". Não há nada menos misterioso, menos espetacular, menos difícil de compreender do que essa grande questão chamada "Trindade". Ela só se torna impenetrável se tentamos separar substâncias cujo sentido se perdeu; então, sim, de fato, as hipóstases se emaranharam. Não se trata de um mistério no sentido de uma mensagem obscura, velada ao comum dos mortais, mas é, sim, um mistério de *encadeamento*, um truque sutil, um *savoir-faire* muito simples que faz surgir a realidade alojada em um discurso cujas condições de exercício são as únicas a permitir o falar adequado. Sim, a boa palavra.

O quê? Só isso? Só isso basta para falar novamente dessas coisas? Como explicar, em verdade, sem chocar os de dentro e os de fora: "D. é apenas uma maneira de falar; Jesus é apenas o verbo de D.; o Espírito é apenas uma maneira de reafirmar?". Essas proposições não beiram a blasfêmia? Já não tirei materialidade demais, objetividade demais, substância demais, história demais das coisas das quais estamos falando? Nem bem recuperei a palavra e já estou em risco de perdê-la de novo. É que a atrelagem que conduz a exigência de realidade ao lado da dependência das maneiras de dizer é muito instável. Como não estremecer diante da dificuldade do exercício? À menor hesitação do cocheiro, a parelha se separa: a realidade vai para um lado e o discurso vai para o outro. A primeira torna-se muito pesada, muito material, muito objetiva: exige muitas provas. O segundo torna-se muito dependente da linguagem, muito intelectual, muito frágil: pede muita reflexão, reflexividade. Contudo, eu sei que não faltam provas textuais: é uma questão apenas de Palavra. Mas não conseguimos mais ouvir essa expressão, porque desse próprio *logos* nós fizemos uma substância com a estranha particularidade de ser "dotada de palavra". Uma vez invertidos os papéis respectivos da essência e dos atributos, a palavra *logos* não consegue mais preservar piedosamente o sentido do "que nos faz falar adequadamente" – e que depois podemos substantivar *ou não*. Como ser objetivo e realista de novo e ao mesmo tempo concentrar a atenção exclusivamente no regime de enunciação? Uns querem "conservar o tesouro da fé", agarrando-se a um "Deus substancial" para evitar que tudo se esvaia em fumaça; outros querem fazer da relação viva a única rocha sobre a qual se deve construir a religião, evitando esse corpo morto que os atrasa na caminhada. Os primeiros não se cansam de acumular "provas objetivas" para ancorar sua fé em evidências históricas; os segundos não se cansam de buscar "sentidos simbólicos" para não cair na armadilha do mau uso da referência. Embora o cisma pareça irremediável, eu não tenho escolha: devo ser o cocheiro atento da atrelagem assustadiça que puxa em direções opostas. Aqueles do interior consideram que faltará realismo à religião, se transformarmos todas essas coisas em formas simples de falar; aqueles do exterior, ao contrário, acham que haverá um excesso de realismo vulgar, se começarmos a apontar o que o discurso bem pronunciado e bem compreendido faz. Os primeiros ficam indignados com uma exigência de discurso que lhes parece marcada pelo relativismo: "Por que você não aproveita e diz que tudo isso é apenas um monte de mentiras?". Os segundos ficam indignados com um relativismo que, em última instância, terminaria por reabilitar a materialidade exata e profunda daquilo que eles consideram uma miscelânea de palavras vazias e sem sentido, acumuladas no curso da história: "Já que está aí, por que não diz que a Virgem Santa aparece realmente em suas aparições!". Contudo, a palavra *relativismo*, tão aviltada, tão incompreendida, nunca foi tão adequada como é em matéria de religião: ela designa a relação, o escrúpulo e o recolhimento de forma tão precisa quanto a própria palavra "religião", cujas etimologias diversas falam de relacionamento, ligação, cuidado e recolhimento. Mas qual relação, qual recolhimento, qual escrúpulo? É aí que devemos escolher o tipo de realidade, de realismo, de objetividade, de historicidade que queremos resgatar: ou a presença realista, mas ausente de uma substância distante de nós no tempo e no espaço, para sempre incompreensível aos nossos ouvidos, insensível à passagem do tempo, à exigência do *ego, hic, nunc*; ou a presença real de um discurso repetido neste tempo e neste lugar, totalmente dependente das condições atuais de enunciação. No primeiro caso, o tempo passa em vão, os humanos falam em vão; no segundo, ao contrário, tudo depende deles, o tempo faz e desfaz, prova e falsifica, apresenta e destrói. No primeiro caso, não existe nem relação, nem recolhimento, nem cuidado; no segundo, há escrúpulo, resgate e ligação.

É suficiente passar do realismo da substância ao realismo da relação para que as velhas palavras enterradas recuperem o viço, a clareza, a visibilidade? Vamos tentar novamente. "Deus é pessoa" soa estranho aos nossos ouvidos, mas se eu digo: "Aquilo que faz de nós pessoas próximas e presentes pode ter sido chamado 'Deus' em certos tempos e lugares, mas hoje poderíamos chamá-lo igualmente por outro vocábulo, por exemplo, 'aquele que gera próximos'", o que isso tem de tão chocante para fiéis e infiéis? A expressão "inexistência de Deus" compila essa evocação de forma tão precisa quanto a antiga expressão "Deus"; não, ela é muito mais precisa, porque ela *a compila hoje, cuidadosamente, para mim*, enquanto a outra a compilava no passado para povos eternamente distantes no tempo: por consequência, seria *negligência* compilá-la hoje, falando como se "Deus" existisse. Não se põe vinho novo em odres velhos.

"Vida eterna" não tem mais nenhum sentido, sobretudo para aqueles que choram diante da cova aberta onde repousam seus entes queridos. Mas se eu digo que no amor todos nós experimentamos um tempo decisivo, definitivo, que não transcorre à maneira mortal do distanciamento, que é nesse tempo que eles deveriam ter vivido em sua curta vida, se tivessem amado seus entes tão mal amados; que é principalmente por isso que eles choram amargamente, por essa perda de tempo, por essas ocasiões desperdiçadas, eu perco alguma coisa essencial? Sim, porque perco a essência do que nos fazia dirigir o olhar para o inacessível além, como se pudéssemos esperar rever aqueles que perdemos para sempre; não, porque mantive a relação que concentra novamente a atenção, o cuidado, a precaução no que está agora diante de nós, esse amor que lamentamos tão dolorosamente não ter praticado a tempo. A eternidade foi ontem, e nós não compreendemos. Os tempos se cumpriram, nós vivemos na ausência. Ao perder a substância, não conservo o essencial? Ao conservar a substância, não teria perdido sua capacidade de conectar, de recuperar? Quem é mais escrupuloso? Quem é mais contemplativo? Quem é mais realista? Quem é mais objetivo?

Das duas uma: ou partimos da substância para os atributos e dizemos que "Deus existe", "fala", é "criador", "todo-poderoso", "misericordioso", "eterno", "salvador" e assim por diante; ou produzimos atributos que associamos ou à expressão "Deus", quando ela é compreensível para os povos a quem nos dirigimos, ou a qualquer outra expressão que a compile mais fielmente para outros povos – por exemplo, aqueles para quem a expressão "inexistência de Deus" é uma evidência inquestionável. É como se houvesse (ao menos) duas objetividades, dois realismos: um de obstinação e outro de resgate ou recoleção. O primeiro vem do passado para o futuro, o tempo para ele passa em vão, porque nada do que existe, e nada do que se enuncia, pode modificar a substância imutável que se exprime através de seus atributos; o outro vai do presente para o passado, tudo depende da capacidade do acontecimento presente de repetir a história. O primeiro não pode falhar; o segundo *pode falhar*: toda diferença reside nisso. O primeiro é apenas a realização inelutável de um plano previamente decidido – com poucos ajustes; o segundo é uma história verdadeira, a nossa história, a sorte não está lançada. Temos de escolher. Não podemos falar religiosamente misturando os dois vocabulários. Infelizmente, sim, ainda balbuciamos – sobretudo eu – porque, conforme a forma de enunciação, tudo é falso ou verdadeiro, e isso depende de nós, sim, de mim.

Não há nada mais opressivo do que o dogma da "encarnação de um Deus feito homem". Recitada ao avesso, diabolicamente, descendo da substância para os atributos, essa narrativa se deforma em um conto fantástico, uma história de salvação para a qual não há mais ouvidos humanos, a não ser para os crentes do rebanho: um "Deus" "redimirá" a "humanidade pecadora", enviando "seu Filho único", cuja "morte na cruz" e "ressurreição" "salvarão" o mundo. Contada assim, essa história não tem mais valor de verdade: não é nem verdadeira nem falsa, Na melhor das hipóteses, será transformada em objeto de crença; na pior, em alvo de zombaria, porque não sabemos mais como encontrar suas referências, suas provas, seus verificadores, suas validações, suas garantias; é pegar ou largar, é engolir ou vomitar de vez. Mas assim que a recuperamos, tomando-a *pelo direito*, partindo dos atributos e retornando (ou não) à substância, ela torna a ser precisa, porque recupera todos os seus valores de verdade: ei-la novamente verdadeira ou falsa, suscetível de prova, verificação, garantia, validação. Sou capaz de falar do que não é distante, mas próximo, não espiritual, mas carnal, não morto, mas vivo? E isso de que falo, essa palavra, não é capaz de endireitar aqueles a quem me dirijo, a ponto de as expressões "salvos", "redimidos", "ressuscitados" lhes parecer novamente adequadas, mesmo se nada, nada mudou no resto do seu mundo?

Os amantes sabem que a palavra que os salva do distanciamento não vem de longe, mas está entre eles, anima sua existência sem modificá-la, não adiciona um bit de informação, um conhecimento, um só saber ao seu mundinho, e, no entanto, já o *transfigurou* de dentro. Sabem que não se trata de distanciar-se olhando para o alto, para o espírito, mas aproximar-se direcionando o discurso para baixo, para o corpo. E as provas são tão palpáveis quanto incontestáveis: ou pronuncio em vão a palavra "encarnação" e não acontece nada, ou a pronuncio com correção e ela faz o que diz: é agora ou nunca, é você ou ninguém, ou é nesse corpo ou em nenhum outro. É a urgência e o alerta da presença que vem para sempre, provisoriamente definitiva. "Sim, o tempo se cumpriu." "Eu vejo, não me iludo." Não há escapatória possível. Mais ainda, nesse momento eu compreendo, sem mais me espantar, que em tempos antigos ouvidos gregos tenham compilado essa experiência assombrosa, mergulhando com deleitamento nos labirintos de uma metafísica do "verdadeiro Deus/verdadeiro homem". Afinal, nenhuma expressão é melhor que outra; as inovações que devo fazer para propagar essa verdade em outros tempos e em outros lugares não são nem melhores nem piores, pois a realização efetiva do que elas encarnam apenas lhes pode proporcionar seu valor de verdade, seu índex, seu selo. Palavras sacramentais que obrigam quem as pronuncia a realizar o que elas dizem – ou mentir. Aliás, o dogma da encarnação não repete explicitamente, reflexivamente, como devemos compreender essa eficácia própria da palavra de salvação: um deus se fez homem, como era no alto é embaixo, o que era distante tornou-se próximo, o que estava ausente fez-se presente? Da continuação da história, e não do começo, depende sua veridição.

Como minhas traduções são derrisórias! Como as palavras que acredito serem novas se desvalorizam rápido, assim que entram em circulação! Elas não souberam capturar nada, não souberam reencenar a realidade que pretendiam registrar. Há algo desencorajador, devemos reconhecer, nessa dependência do discurso para com os tempos atuais, para com as condições atuais de enunciação. Tanto mais que todos os esforços apologéticos, no curso dos tempos, se colocaram contra essa dependência. Torrentes de sermões, milhares de volumes foram produzidos para garantir que a "existência de Deus" *não dependesse* do discurso, da vontade, da boa vontade dos seres humanos. E, inversamente, são justamente os "inimigos da religião" que, desde sempre, deitam e rolam nessa evidência: os seres humanos fabricam os deuses à sua imagem. E hoje, a poder de relativismo, quero recuperar esse vocabulário crítico para compilar piamente e fielmente o discurso religioso? A humanidade é uma máquina de fazer deuses. Não tem sentido. Ou então se trata de uma apologética ainda mais perversa do que as outras, um artifício clerical.

E, no entanto, há algo justo e preciso na expressão "a existência de D. depende de nós". Nessa questão toda, não se trata literalmente, piedosamente, ritualmente, de um "Deus" que o homem (uma mulher) engendrou? Essa mulher não teve de pronunciar com conhecimento de causa estas poucas palavras de aceitação: "Eu sou serva do Senhor"? Aquilo que os amantes sabem tão bem, ou seja, que a presença de seu amor depende da forma como eles voltam a se falar para se tornar presente um para o outro, por que não poderíamos fazer bom uso disso? Eles também não contam com a segurança de sua ternura, com a força de sua inércia, e, no entanto, quando finalmente se amam, não lhes ocorre a tola ideia de atribuir sua salvação a seus próprios recursos. Ao contrário, é apenas nas fases de distanciamento, em plena crise, quando o tempo mortal os sufoca, que eles ficam reduzidos a suas manobras. É quando são incapazes de sair sozinhos do buraco em que se meteram que suplicam: "Nosso amor, venha nos socorrer!", mesmo sabendo que ninguém virá ajudá-los e que eles são tão incapazes de se levantar sozinhos quanto o barão de Münchausen. Os amantes se consideram, portanto, os únicos artesãos possíveis de sua relação, mas sabem que somente são os únicos artesãos dessa relação quando estão no inferno do distanciamento: quando se reaproximam, reconhecem com certeza absoluta que foram *fabricados por* esse amor que finalmente veio em sua ajuda.

É realmente indispensável voltar às terríveis dificuldades do verbo "fabricar" para falar de religião? Infelizmente, sim. Nada inchou tanto os atrasos de tradução quanto essa luta suicida contra o discurso daqueles que faziam da religião uma "simples invenção humana". E, no entanto, eles deviam ter sido acolhidos de braços abertos! Sim, Voltaire, Feuerbach, Nietzsche, Marx, Freud deviam ter sido canonizados, declarados Pais da Igreja. São Friedrich teria nos ajudado a orar um pouco melhor a Bernadette Soubirous em Lourdes, e seu santuário, em Sils-Maria, teria suscitado o mesmo tanto de milagres (somente na China existem capelas nos templos dedicadas a santos filósofos). No exato momento em que tivemos de partir com armas e bagagens daquele mundo antigo imbuído de um "Deus misericordioso" a quem dirigíamos nossas preces, esses Pais apócrifos nos estavam familiarizando com um mundo não vazio de "Deus", mas, ao contrário, *imbuído* de sua inexistência. Eles estavam fazendo para as crenças venerandas o mesmo trabalho de tradução e resgate que seus ancestrais fizeram para as ninfas, as sílfides e os deuses do Olimpo. Como a história da enunciação religiosa poderia se ater a uma forma particular de recolhimento, se o cuidado e o escrúpulo exigem que se fale da presença atual daquilo que deve, naquele exato instante, para nós, se representar? Como julgar previamente que a expressão "o ser humano fabrica seus deuses" designará menos bem essa presença do que "um Deus feito homem", expressão antiga que se tornou incompreensível para muitos? O que tornava o antigo idioma divino tão cômodo é que ninguém via nele o menor obstáculo: em que língua devemos hoje falar de D. para encontrar esse mesmo senso de evidência? Se no Pentecostes se falava parto, grego e siríaco, por que não podemos falar Freud, Feuerbach ou Renan? Você tem medo do quê? Que tesouro era esse que, para ser conservado, não podia ser gasto? Você não conhece o destino reservado aos entesouradores? De que serve acumular fortunas de fidelidade, se não podemos levar um mísero centavo para este tempo presente em que temos de viver e falar?

Se eu quiser segurar com uma mão só a objetividade dos seres produzidos pela religião e sua dependência para com o ato do discurso, preciso ter à minha disposição um sentido da palavra "fabricar" que não seja crítico. Esse seria o único meio de descobrir o mecanismo por trás dessas imensas camadas de discursos, invenções, elaborações, de todo esse trabalho, de todos esses obstáculos, de todas as dificuldades da fidelidade, sem lhes tirar uma única parcela de realidade, sem deixar jamais que se tornem antiquados. Ora, não posso mais utilizar positivamente a palavra "fabricação", embora tenha necessidade vital dela para continuar. Por causa da luta antirreligiosa, ela se tornou sinônimo de falsidade. Por quê? Porque ao humilde e honesto trabalho de fabricação adicionou-se sub-repticiamente uma louca hipótese sobre a dominação da obra por seu artesão.

Quem já viu um construtor controlar sua construção? Qual é o criador que se sente capaz de controlar sua criatura? Que profissional da robótica se acredita senhor de seus robôs? Que marionetista não aprende truques surpreendentes com suas marionetes? Ao revelar os segredos da fabricação dos deuses, esses novos Pais da Igreja nos prestaram um grande favor, pois, no fundo, o que eles tinham depois era o controle: não há mestre. Sim, exatamente: "Nem Deus nem senhor". Mas os clérigos tiveram medo de que, concedendo aos seres humanos a capacidade de fabricar suas divindades, eles tomassem todo o poder de controle e se colocassem no lugar de "Deus". Ora, não existe esse lugar. A noção de fabricação não acarreta necessariamente a de um fabricante todo-poderoso. Apenas o antigo mundo possuía um criador onipotente ao qual se poderia dar um sucessor chamado "humanidade". Mas o terreno, o mortal? Nós? Você? Eu? Onde você está vendo senhores, imperadores, controladores? Não existe controle. Você que está dentro, o mundo os aterroriza porque, segundo você, ele não "tem senhor divino", mas você não vê que ele também não tem *senhor humano*? Você que está fora, esse chamado à renovação de "Deus" o aterroriza porque, segundo você, ele traria de volta a antiga tirania do divino; você não vê que o mundo é para sempre *sem criador*?

Os clérigos acreditaram ter de apoiar seus sermões na fraqueza do homem, ousando até mesmo encontrar nas falhas dele uma prova da grandeza do seu "Senhor". Que sermões poderiam ter feito se, em vez disso, tivessem invocado a fraqueza, a passividade, a dependência de D., como fizeram os Pais apócrifos? Em vez de combater o "ateísmo", essa mística, não teria sido melhor regozijar-se de um mundo finalmente livre do veneno do controle? E, inversamente, você, o humanista, em vez de jogar o respeito do homem contra a barbárie das religiões, não teria sido melhor se tivesse descoberto o antídoto para a droga pesada do controle? Você acredita mesmo que a história deve se resumir a uma gangorra de jardim de infância, na qual "Deus" somente sobe se o homem desce; na qual o Homem somente triunfa se "Deus" morre? Os tempos mudam. A face da terra se renovou há muito tempo. Não existe nem controle nem criador todo-poderoso – não existe nem "Deus" nem homem –, mas há cuidado, escrúpulo, precaução, atenção, recolhimento, hesitação e retomada. Para nos compreendermos, conservamos apenas aquilo que sai das nossas mãos, mas nem por isso elas podem se considerar sua origem.

É impossível falar novamente dessas coisas se não posso recuperar a capacidade de fabricar a verdade, de dizer a realidade. Preciso poder falar da elaboração religiosa sem que vozes ameaçadoras, vindas tanto de dentro como de fora, venham me pedir para escolher: "É real ou fabricado?". Preciso poder responder novamente: "Os dois". E que meus adversários, assim como os que creem me compreender, não concluam que com essa resposta eu me refugio na cínica ilusão de um fabricante de ídolos que atribui à produção de suas mãos a realidade que ele projetou sobre ela.

Decididamente, nunca vou sair dessa. Nunca vou poder retomar o discurso, porque me falta também a capacidade de unir novamente linguagem e realidade. É como se me tivessem tirado o direito de usar esse gesto de fabricação, de construção, de elaboração, de relação que pode dizer a verdade *de verdade*, sem ser acusado de ingenuidade, cinismo ou má-fé. Não possuo mais aquelas palavras capazes de fazer o que dizem: "rituais", "sacramentos", "sermões". É como se a própria enunciação religiosa se tivesse privado de todos os meios materiais e práticos de fabricar a boa palavra, como se tivesse quebrado com as próprias mãos a máquina de discursos, a máquina de preces. Aliás, não nos surpreende, pois as próprias ciências, no momento do modernismo, também se esqueceram como se podia "fabricar a verdade objetiva". Foi quando aceitam ser traídas pela comunicação duplo clique com sua absurda pretensão à existência de uma verdade "não feita pela mão humana", *acheiropoieta*...

Se eu tivesse contra mim apenas o desgaste inevitável das palavras deslizando do presente para o passado, eu conseguiria sair dessa; se eu tivesse contra mim apenas a longa história da antirreligião, eu a enfrentaria sem muita dificuldade; se eu tivesse contra mim apenas as armadilhas do apologético e da racionalização, eu saberia escapar. Mas tenho igualmente contra mim o que tanto os amigos da religião como os seus ferrenhos inimigos consideram a virtude suprema: o ódio dos ídolos.

Quem será capaz de medir a mordaz ironia desse paradoxo? Os religiosos, assim como seus inimigos, disputaram entre si quem derrubaria mais ídolos, quem queimaria o maior número de fetiches, quem denunciaria mais intensamente os falsos deuses. Julgaram que era seu dever *não se deixar ludibriar* pela mistura indevida de fabricação e realidade, da qual davam mostra, segundo eles, os fabricantes de fetiches. Os primeiros acreditaram que não se devia confundir a crença em um "Deus único" com a temerosa confusão dos baals; os segundos acreditaram que não se devia confundir a confiança em uma "Razão única" com a crença arcaica em um "Deus" que se tornara uma quimera entre outras quimeras. O que não mudou nessa série de enganos foi o braço do iconoclasta armado de um martelo – ou da tocha que ele leva à fogueira. Segundo os religiosos e os seus inimigos, era necessário evitar a todo preço que aquilo que "somente" podia ser resultado do nosso trabalho humano fosse tomado por uma realidade independente. E não é de ontem: a lenda afirma que Abraão, pai de três religiões, iniciou a sua brilhante carreira destruindo a humilde loja de ídolos de seu pai, Terá. Desde esse gesto fundador, devastador e crítico, a destruição se perpetua: um incêndio contínuo, uma carnificina incessante, uma devoção que só sabe se manifestar por um sacrifício sempre renovado de tabus, ídolos, dogmas, fetiches, vacas de ouro e falsos deuses. E sobretudo, dizem eles, não acreditar, não *se deixar ludibriar*, não *se deixar enganar*, não *se deixar possuir*.

E, no entanto, que provas temos de que esse combate contra os ídolos era necessário? Por que deveria se prolongar *ad nauseam*? É claro, nos tempos em que os "deuses" formavam a estrutura indiscutível da existência cotidiana, foi necessário derrubar o altar dos concorrentes para constituir um "Deus" ciumento. Mas que nos importa hoje esse combate antigo e venerando, se consideramos a inexistência dos deuses a estrutura indiscutível de nossas vidas frágeis? Acreditando que o nosso dever religioso exigia a destruição dos fetiches, dos ídolos e dos tabus, inadvertidamente pisamos em outra coisa: o mecanismo da ação que justamente nos permitia fabricar, sem mentir, realidades independentes de nós. Derrubando o altar dos falsos deuses, mergulhamos a humanidade na obscuridade, porque nos obrigamos a acreditar que seus fabricantes acreditavam ingênua e falsamente neles. Consequentemente, povoamos o mundo de bárbaros, manipuladores e manipulados. Por um espantoso revés, nós, os iluminadores, produzimos a obscuridade e nós, os descrentes, geramos a crença cega. De fato, para explicar o apego dos idólatras e dos fetichistas a seus ídolos, embora não pudessem ignorar, segundo nós, que eram os seus *únicos* artesãos, *nós acreditamos que eles acreditavam*, que haviam sido ludibriados por sua própria produção. Imaginamos que eles atribuíam uma realidade autônoma ao que eles mesmos haviam construído, o que é exato, mas não no sentido das críticas: a obra das nossas mãos sabe, às vezes, produzir, recolher, revelar, evocar o que nos possui. "Esses ídolos têm olhos e não veem, têm ouvidos e não ouvem, têm mãos e não tocam", dizíamos para ridicularizar, sem ver a que ponto éramos nós mesmos que essa maldição condenava. Sim, de fato, ela nos condena com muita exatidão, com muita precisão: nós, os destruidores de ídolos, nós temos olhos e não vemos, temos ouvidos e não ouvimos, temos mãos incapazes de tocar – a não ser para desconstruir, criticar e destruir. O martelo da crítica radical ricocheteou; foi na nossa testa que ele bateu; ficamos estupefatos e sem ação.

O quê? Para falar novamente de religião temos de retornar aos ídolos, reerguer altares aos falsos deuses, abraçar o politeísmo, fazer sacrifícios aos fetiches, engolir não apenas as histórias absurdas dos clérigos, mas também os fantasmas detestáveis de seus inimigos mortais: magos, charlatães, mágicos? Como podemos aceitar voltar sem risco a essas evidências comuns às grandes religiões constituídas e aos racionalismos oficiais que derivaram diretamente delas?

Você não está pretendendo levar o relativismo tão longe! Ou então não está mais nos convidando a resgatar a enunciação religiosa, mas a fazer um pacto faustiano contra o qual se rebelaria tudo o que nos resta de virtude.

E, no entanto, aqui também houve um erro de categoria, como se, ao falar do acontecimento capaz de produzir pessoas próximas e presentes, nós o tivéssemos confundido com uma *outra* batalha incidente, agora supérflua ou mesmo perigosa. Como se tivéssemos tido dificuldade, no início, de *separar* a enunciação religiosa de uma outra que geraria outros objetivos, outras verdades, outras realidades, e a propósito da qual se tornou hoje completamente supérfluo nos desentender. Que mal podem fazer os fetiches a quem busca se aproximar da presentificação, da representação? Em que os ídolos domésticos, cívicos e culturais podem perturbar os que formam um povo virtual de salvos e próximos que escapam às fronteiras? Por que o que consola e cura pela sutil troca do sacrifício, da súplica e da prece poderia perturbar quem busca presença e salvação? Os anjos podem passear à vontade sem atrapalhar os demônios. Sobretudo se para continuar a falar de seu D. os fiéis devem buscar os *mesmos mecanismos* daqueles dos quais eles derrubaram os altares. Eles também têm de fabricar com suas próprias mãos *ícones* no lugar dos *ídolos* derrubados, e esses ícones também têm de se tornar verídicos. Ao destruir os ídolos, os antifetichistas se esqueceram de que eles estavam tornando para sempre incompreensível a construção de ícones necessários ao exercício de seu culto e discurso. Ao quebrar os ídolos, eles amarraram as próprias mãos com um *double bind* impossível, porque ainda exigem a fabricação de uma realidade, mas privam-se dos humildes meios de fabricá-la. Essa não é a fonte do fanatismo criado pelas religiões ditas do Livro? Essa não é a origem da alternância brutal entre um "Deus" absolutamente livre dominando um ser humano totalmente impotente e um ser humano único senhor de deuses completamente fabricados, chorando de tristeza por sua impotência? Acreditando *fazer certo*, os religiosos e depois os antirreligiosos se privaram de toda possibilidade de *fabricar certo*. Não há nenhum paradoxo nisso, apenas uma evidência muito simples: como aqueles que têm necessidade da *iconofilia* para conseguir falar de sua fé poderiam herdar, sem o benefício de um inventário, a tradição iconoclasta? Se a presença real de D. no discurso que fala sobre ele depende desse próprio discurso, é loucura romper com um golpe de espada o vínculo que liga a prática humana e a realidade autônoma!

Nós nos perdemos em algum lugar no caminho, porque hoje o iconoclasmo triunfa, o espírito crítico reina soberano e não conseguimos mais reconciliar estas duas expressões: "É verdade, está feito". A menos que seja compreendido *a minima* como a simples projeção de uma ilusão sobre a tela branca e muda das nuvens que apenas a má-fé pode fazer "tomar por" uma realidade consistente. Ora, aqueles que acusamos injustamente de acreditar ingenuamente em seus fetiches conservaram esse valioso *savoir-faire*: eles podem dizer sem gaguejar e sem pestanejar que fizeram com as suas próprias mãos aquilo que os salva e lhes dá vida, aquilo que os possui e os ampara. Quem hoje pode pintar um ícone e dizer em boa-fé que ele é *acheiropoietico*? E, no entanto, essa é uma evidência cotidiana que os amantes atravessam sem notar a menor contradição: sim, eles é que falam e dependem apenas deles mesmos; sim, o amor deles os moldou e os tirou do buraco onde choravam solitários. Será que ainda nos é permitido empregar esse condutor específico? Podemos ser construtivistas, quer dizer, realistas, em matéria de religião, assim como podemos sê-lo (como aprendi a ser) em matéria de ciências? Posso substituir a questão ameaçadora: "É verdadeiro ou é fabricado?" pela questão: "Como se pode reconhecer a diferença entre o que é bem fabricado e o que é mal fabricado?".

Francamente, não vemos por que ele teima. Ele não poderá jamais voltar a falar dessas coisas. Tem de lutar contra muitos hábitos, muitos reflexos, pagar muitos atrasos. Não é um boi que ele tem na língua, é toda uma tropa de vacas loucas. É muito complicado ter de retomar, desde a definição de "Deus" até a definição do discurso amoroso, passando pela concepção da fabricação de ídolos – sem falar das terríveis complicações da mentira, da racionalização, da tradução e do resgate nas quais ele patinhou tão alegremente. A solução lógica deveria ser o inverso daquela que ele tirou até aqui: não falar dessas coisas; fechar sobre a sepultura da religião a pesada lápide que a enterrará para sempre; não falar mais desses mortos-vivos que vinham sugar o nosso sangue; enfiar uma estaca pontiaguda entre as costelas deles. *Vade retro satanas.* A solução de seus pares e contemporâneos é excelente; ele devia ter partido daí; teria poupado trabalho: a religião acabou. Ela oferece apenas consolos arcaicos, um resíduo irracional, um esforço patético para erguer barreiras diante do absurdo da existência, um livro de colorir para dar um pouco de cor e calor à natureza incolor da fria razão. Certamente a religião ainda se oferece como objeto de estudo, podemos nos debruçar sobre o entusiasmo que ela ainda provoca, mas ela não possui mais nada de vivo, de essencial, ou, em todo caso, nada que deva ocupar o espaço intelectual, ao menos sob as nossas confortáveis latitudes; ela abandonou há muito tempo o terreno da saúde para entrar no da patologia, ou até mesmo da teratologia. Não é ele que vai tirá-la dessa. Aliás, quem ia querer dar peso e espaço a esse delírio dos atrasados, dos carolas, dos falsos beatos, dos inquisidores e dos fanáticos? *Ecrelinf.*[7] Voltaire tinha razão em terminar suas cartas com a cruel invocação: "Écrasons l'infâme" ["Esmaguemos a infâmia"].

Sim, tudo é falso na religião e, no entanto, tudo é verdade, até a última vírgula. Como as anamorfoses, que foram tão populares na Antiguidade Clássica e transformam qualquer borrão monstruoso em uma tela clara como o dia, desde que se olhe para o ponto certo e pelo ângulo certo. Não consigo sair dessa indecisão, que não tem

---

[7] Forma reduzida de "Écrasez l'infâme", com a qual Voltaire finalizava seus escritos. (N. T.)

nada a ver com uma hesitação entre a descrença e a crença, entre "eu cuspo tudo" ou "eu engulo tudo". A hesitação constitui a própria coisa, sempre por retomar e reformular. Nada a ver com uma aposta estúpida nas chances de uma jogada de longo prazo – mas com um ganho colossal: a "eternidade"! – contra a ninharia que se aposta semana a semana. Busco exatamente o contrário dessa apologética grosseira: ou me aproximo do presente, daquilo que jaz à minha frente; ou me afasto de vez e me volto para as densas nuvens. É minha culpa se, por uma falha de tradução, o sentido do religioso se inverteu a ponto de designar o distante, ao invés do próximo, o ausente, ao invés do presente, o espírito, ao invés da carne, o outro mundo, ao invés deste mundo, o transcendente, ao invés do imanente? Ainda podemos inverter essa inversão e pôr de pé o que estava de cabeça para baixo? De um lado, tudo pesa, não há esperança; de outro, tudo é leve, muito simples, uma criança de sete anos entenderia sem nenhuma dificuldade. Sim, tenho razão em hesitar, tenho razão em teimar. Me dei tanto trabalho. Quero recuperar a minha herança. E, sobretudo, não é hora de desistir. O mais difícil ficou para trás.

Até aqui, falei de religião para simplificar, mas não há uma essência do religioso, nada que permita designar pelo mesmo vocábulo formas de vida tão diversas. Se tantas pessoas, quando escutam falar de um "retorno da religião", sacam imediatamente as armas, é porque esperam o retorno do antigo amálgama de povo, governo, moral, economia e leis, em resumo, uma forma de vida total, em geral totalitária, em busca de um mundo completo, de um cosmos harmônico que exigia plena satisfação, sem lacuna e sem resíduo, sem fissura e sem oposição. É óbvio que esse mundo não voltará jamais; se algumas pessoas ainda o admiram, é como estetas. É como querer que locomotivas a vapor circulem ao lado dos trens de alta velocidade, ou que os carros de boi enfeitados de fitas voltem aos caminhos de peregrinação. Podemos nos dedicar a essas reconstituições para o benefício de turistas ávidos de patrimônio cultural, mas não haverá nada de ativo, vivo e indispensável nesses costumes abolidos para sempre. E é melhor que seja assim, porque foi necessário todo um trabalho da história para fazer sobressair, pouco a pouco, o tom próprio dessa enunciação religiosa, o que ela confundiu muito tempo, tempo demais, com exigências políticas, morais, sexuais, étnicas, legais, artísticas, consuetudinárias, através das quais ela pôde se exprimir por algum tempo, mas que não seria capaz de *recolher* para sempre aquilo de que se tratava: a boa palavra. A verdadeira traição dos clérigos, aquilo que os torna tão incapazes de se defender contra a acusação de arcaísmo, é não terem sabido ver nessa lenta e progressiva *extração* a possibilidade de recuperar sua liberdade de palavra. Finalmente a religião poderia aparecer de cara limpa, sem aspirar a mil metas interferentes que outros jogos de linguagem, outras enunciações realizariam muito melhor do que ela. Nenhum mundo é preferível ao nosso, a este, ao único que temos, para falar de religião, porque, por definição, é a este mundo presente e em sua própria língua que devemos nos dirigir, se quisermos que as palavras da tradição soem novamente de forma verídica. Esperar, para falar em verdade, sermos milagrosamente transportados para outros tempos e outros lugares é, por construção, mentir.

Devemos então proceder ao inverso: não comparar tudo o que foi chamado através dos tempos de religião para extrair dele a medula, o padrão comum, o exemplo, mas, ao contrário, descobrir como, a partir das exigências particulares dessa enunciação, ela poderia servir de referência para julgarmos a presença ou a ausência da religião nas outras formas de vida. Como distinguir a fabricação boa e a ruim, a elaboração boa e a ruim? O que essa prova rejeitará não está convicto da falsidade, da mentira, da heresia ou da impiedade, mas apenas pertence a outras formas de verdade, outros regimes de discurso ainda por definir.

Façamos um exercício de imaginação: se retirássemos do mundo a enunciação religiosa tal como a defini, o que aconteceria? Reduzindo a religião a sua mais simples expressão, diríamos somente que, sem ela, *não haveria mais ninguém*. Tudo se manteria tal qual: as nações, as sociedades, os indivíduos, os mundos, as congregações, os coletivos, os regulamentos, as economias, as cosmologias, as divindades; faltaria apenas a fabricação das pessoas que se tornaram próximas porque foram tomadas por uma forma de temporalidade que não vai mais do passado para o presente, mas, ao contrário, vai do presente para o conjunto do passado e do futuro. Nesse sentido restrito, terrivelmente restrito, exigir uma vida sem religião seria, aos olhos dessa tradição, uma vida *sem presença e sem ninguém*, como mortos-vivos. Os amantes sabem que seu amor não é toda a sua vida: eles trabalham, desejam, têm mil ocupações, mas certamente não aceitariam privar-se da presentificação um do outro, graças a essas palavras originais e originárias que eles denominam "seu amor" e que realizam o que dizem. Se nós os interrogarmos, eles dirão sem dúvida que esse amor é "o sentido de sua vida", mesmo que admitam que essa significação se soma a mil outras que eles também valorizam, mas com as quais ela não se confunde. Da mesma forma, a religião não pode resumir todos os modos de existência – o velho erro de querer usá-la como um manto para englobar a totalidade das formas de vida –, mas ela *acrescenta* seu tom próprio, sem o qual não haveria próximos que se tornam presentes um para o outro, sem o qual os tempos nunca se cumpririam, sem o qual a história passaria em vão, sem o qual a morte triunfaria.

Mas isso não é suficiente! Essa definição é muito restrita para saciar o apetite dos religiosos. Você os reduziu à porção mais conveniente. Nunca eles se satisfarão com tão pouco. Eles querem tudo, o cosmos, a história, a vida cotidiana, a moral, a arte, a arquitetura, tudo e até mesmo os segredos de foro íntimo – este mundo e o além. Realmente não era o caso de rejeitar o socorro da purificação, se fosse para traduzir a totalidade da imensa elaboração religiosa para o patético jargão da "fabricação de pessoas presentificadas". Ou a religião é verídica e se estende por toda parte, ou é mentirosa e não merece nenhuma concessão, nem mesmo a presença das pessoas. Você nos oferece um compromisso manco que vai chocar tanto os fiéis quanto os infiéis, tantos os de dentro quanto os de fora. Que péssimo diplomata você é. É pior do que reduzir a Palavra a uma simples "forma de falar".

Não posso fazer nada. Para encontrar as palavras certas, temos de usar aquilo que fala aos ouvidos daqueles aos quais nos dirigimos. Não estou afirmando de modo algum que a minúscula faixa de sentido a que me agarro tenha algum privilégio, que possa servir de metalinguagem para traduzir em sua completude o imenso *corpus* do sentimento religioso. Não existe metalinguagem adequada, como bem sabemos, não existe padrão, não existe exemplo: as frases mais fracas ou as mais elaboradas, as mais veneráveis ou as mais novas, as mais comoventes ou as mais frias, podem ser igualmente justas ou mentirosas, conforme a sua capacidade única de fabricar aquilo de que falam, naquele exato momento, para aquele que as escuta. As condições de felicidade, o tom, o ritmo são *quase* completamente independentes da forma empregada, pois se trata de outra coisa, que se designa sempre de viés, pelas disparidades, pelas inverossimilhanças, pelas fissuras da mensagem. Na religião como no tom, vale tudo. Mas se não existe uma metalinguagem adequada, também não existe uma ruim ou imprópria. A única coisa que interessa é saber como podemos *discernir* a qualidade da enunciação e nos ligar, graças a esse discernimento crítico – sim, crítico, lógico e até mesmo racional à sua maneira –, a todas as outras faixas de sentido graças às quais outras pessoas, membros do mesmo povo, quiseram exprimir em outros tempos e em outros lugares a mesma coisa com outros rituais. A questão não é saber se devemos agradar ou não os religiosos, se devemos adular ou não os infiéis, mas se, ao discernir as traduções boas e as ruins, podemos redesenhar o povo virtual, a "comunhão dos santos", daqueles que compreendem retrospectivamente a verdade enterrada das palavras repetidas pela boca dos vivos – porque se trata dos vivos e não dos mortos. Essa é a pedra de toque, a única ocasião em que o "tudo é verdade" passa ou não para o "tudo é falso" – sim, o único *kairos*.

Se meus esforços de tradução parecem tão irrisórios, é porque utilizei a única forma de discurso ainda disponível e vigorosa, apesar da dívida vertiginosa dos atrasos: a do amor, dos *presentes* que os amantes se oferecem um ao outro quando não podem ou não querem tomar decisões. Obviamente, a impressão continua a ser a de um abismo infinito entre as pequenas alegrias, as pequenas misérias do amor privado e as grandes paixões, os grandes crimes das religiões públicas. Embora os autores anônimos dos Evangelhos ditos "da infância" também tenham estabelecido o mesmo curto-circuito entre os simples casos da ternura humana e as grandiosas cenografias da história santa, hoje é incompreensível para nós como se pode passar de uma a outra apenas pela sinonímia da palavra mais tola entre todas: "amor". Contudo, a capacidade de discernimento da crise amorosa não é negligenciável. Conhecemos na ponta dos dedos – cada um de nós fez a lenta aprendizagem, contra a própria vontade – todos os registros da mentira, da má-fé, do esquivamento, da fuga, dos reencontros e do perdão. Quantas horas passamos desenvolvendo esse *savoir-faire*, estabelecendo nossos critérios, aperfeiçoando nossos gostos? Essas competências não têm nada de privado, pessoal, individual. Não há instituição mais vasta, mais distribuída, mais imperiosa, mais tirânica às vezes, do que a do discurso amoroso. Todos os truques de Hollywood – o "bosque sagrado" dos californianos –, toda a produção romanesca, toda a imprensa apropriadamente conhecida como "do coração", centenas de horas ao telefone, dezenas de experiências, rompimentos, conselhos, confidências são necessários para aprendermos a distinguir, através da confusão das paixões, o frágil caminho das palavras salvadoras que agregam ou destroem, dão vida ou matam, aproximam ou distanciam para sempre. E nós iríamos nos privar desse modelo, desse padrão, dessa matriz? Iríamos transformá-lo em algo psicológico e íntimo, mesmo sendo uma instituição forte e fecunda, atravessada por revoltas e heresias, escândalos e revoluções, atormentada por dúvidas, bombardeada por opiniões, conselhos, discursos, reformas, disciplinas e pontificações. Quem aprenderia a amar, se não lhe tivéssemos ensinado essas mil formas contraditórias de ser? Nada seria menos espontâneo, individual, autônomo do que essas formas de discernimento.

O que torna o recurso à instituição pública do discurso amoroso tão incongruente para resgatar o gosto pela linguagem religiosa não é somente o imenso desnível entre o psicológico e o cósmico, o individual e o coletivo; não é apenas o fato de que o primeiro ainda é compreensível aos ouvidos contemporâneos, enquanto o outro convence apenas os convictos, os do rebanho. O discurso amoroso pode aparecer ao mesmo tempo como vivo e instituído, universal e controverso, enquanto o outro, o antigo discurso religioso, nós nos sentíamos em relação a ele sempre obrigados a *separar* a vida e a instituição, o pessoal e o universal, o livre e o constrangido.

Ah, a instituição! Único e verdadeiro bode expiatório do século passado. Ela sempre foi descrita como tirânica, arcaica, desgastada, dominadora, sufocante, castradora, hierárquica, obsoleta, estéril, legalista, formalista... Poucos contemporâneos não desejaram se libertar dela para finalmente "reencontrar" a liberdade, a fecundidade, a iniciativa, o entusiasmo, a autenticidade do espírito. Se, para retomar a palavra, fosse necessário apenas desarmar as armadilhas da racionalização, voltar no tempo, quitar as dívidas dos nossos predecessores; se fosse necessário lutar apenas contra os reflexos do antifetichismo, provavelmente seríamos bem-sucedidos, mas o problema é que ainda temos de examinar o ódio mortal contra as instituições. Junto com o espírito crítico, a vontade de não se deixar enganar e a luta contra a crença ingênua, esse preconceito é a mais clara de nossas virtudes intelectuais. Tudo está de cabeça para baixo no caso da religião: para falar dela sem restrições, convém nos desfazermos daquilo que tomamos por nossas virtudes mais preciosas.

Mas não tenho escolha. Sei que ninguém, sozinho, espontaneamente, é capaz de inventar uma língua, exceto aquela da loucura que o conduz ao hospício. Sei também que não existe religião privada, religião para si próprio, assim como não existe amor individual: as palavras da tribo é tudo de que dispomos. Se tanto. Ainda que os amantes, enredados na grande maré do discurso público, possam inventar um código próprio, com pequenos rituais, fórmulas mágicas, flores e encantações conhecidas apenas por eles, ninguém pode pretender, sem mandato nem apoio, sem chamado nem vocação, falar de novo a língua veneranda da religião. Não se trata apenas de formar um casal, um grupo, uma família ou uma comunidade, mas sim de reunir um povo novamente. Nesse ponto, certamente fracassei, e tenho consciência disso, porque, apesar dos meus esforços patéticos para rearticular o antigo vocabulário, não tenho nenhum meio prático de discernir a fidelidade dele, filtrar as boas e as más expressões, decidir com outros quais fabricações são heréticas ou ortodoxas. Tenho apenas as elucubrações de uma voz que clama no deserto, a qual provavelmente escandalizaria tanto os de dentro quanto os de fora, se pudessem ouvi-la. Por definição, a mim me falta a capacidade coletiva de discernimento.

Mas então por que não pulo fora da instituição e tento entrar em contato *diretamente* com "Deus"? Porque não existe "Deus", porque o acesso leva a tudo menos a ele, porque o adjetivo "direto" não tem sentido nessas questões. É sempre obliquamente, em conjunto, pelas travessas de uma linguagem impura e inventada que encontramos as palavras para dizê-lo, aquelas palavras raras que fazem acontecer o que elas dizem, e que nos ligam novamente, pelo movimento retrospectivo do espírito renovador, àquilo que nossos predecessores queriam dizer. Fugir é tão impossível quanto purificar; perderíamos mais rápido ainda o tesouro que queríamos resgatar. Não há língua crioula, não há *pidgin* que seja obra individual: para falá-las, é preciso ter coabitado muitos anos às margens de um povo que nos recusa o acesso à sua língua matriz. Decididamente, não, longe de sair da instituição, temos de mergulhar nela; longe de purificar a palavra, temos de aprender a refabricar o impróprio que, no entanto, é verdadeiro. Como diz o ditado, o mais inaudível de todos, o mais desprezado, o mais odiado, o mais impronunciável e o mais escandaloso, aquele que nos obriga a lavar a boca depois de pronunciá-la: "Fora da Igreja, não há salvação".

E, no entanto, nada é mais exato, preciso, racional, técnico: não existe nenhuma outra referência para julgarmos a qualidade dessas camadas de palavras mentirosas, inventadas, elaboradas, resgatadas, codificadas, reformuladas, rejeitadas, resgatadas, renovadas, reelaboradas, abandonadas, deformadas, esmagadas, sedimentadas, reanimadas, enterradas, torcidas, elevadas, a não ser o trabalho coletivo daqueles que se reconhecem em alguns momentos como parte do mesmo povo virtual – povo dividido, dispersado, revoltado, infiel, ignorante, até se resgatar, se reunir, se reconverter, se reconhecer como uma única e mesma nação santa, até se perder mais adiante nas areias da história. E é justamente porque não podemos esperar nenhuma salvação *acima e além* dessas camadas tectônicas que não existe outra morada onde se possa falar de religião. Não existe D. que não seja próprio trabalho de resgate e avaliação, de reforma e errância, a própria passagem da palavra através desse grande povo virtual e indefinido. Nenhuma revelação nunca será superior a esse tateamento de cegos que se apoiam nos ombros uns dos outros para avançar na escuridão. Os iluminados que quiseram fazer melhor sempre fizeram pior.

Podemos detestar os tribunais, os concílios, as comissões, as bulas e os báculos, mas teremos de encontrar outros procedimentos, outras agregações, outros magistérios, outras sanções para retomar do zero o trabalho de seleção das invenções, porque não existe nada acima, transcendente, superior, nenhuma corte de apelação, nenhuma última palavra, nenhuma revelação, nenhum raio vindo do céu para nos "dizer a verdade" *além* do lento discernimento coletivo e instituído das palavras verídicas. Podemos abominar as pretensões de um clã, de uma seita, de uma Igreja, de uma religião a um império universal, mas teremos de descobrir outros condutores, outros intermediários, outros arranjos, outros conclaves para formar esse povo virtual que se reconhece como próximo diante da mesma presença, contemporâneo do mesmo acontecimento, unido pela mesma revelação de Escrituras até então obscuras. Talvez estejamos enganados sobre o sentido desse monstruoso ditado em nome do qual tantos crimes foram cometidos, tantas fogueiras foram acesas, tantas cruzadas foram pregadas, mas a verdade é que *não existe o contrário*, pois, por definição, o que denominamos "salvação" ocorre apenas quando nos vinculamos a essas camadas de palavras totalmente inverossímeis, quando descobrimos por nós mesmos o que as faz adequadas. A Igreja é mais do que a depositária incontestável da verdade: ela é a depositária *contestada* das mentiras, elaborações, seleções, resgates. Temos de aprender a nos conectar à sua máquina de produzir e discernir. Ora, essa descoberta não pode ser feita por si mesma, mas em grupo – grupo que muda incessantemente de circunferência, ora englobando o mundo inteiro, ora se reduzindo a nada, conforme a intensidade com que redescobre a mensagem. É justamente porque não podemos simplificar o exercício da enunciação religiosa que é impossível abandonar – com um *salto mortale* vertiginoso – a instituição mortal e militante, fabricante e pecadora, mentirosa e falsificadora, construtiva e inventiva. Do mesmo modo que, fora da instituição complexa e fracionada do discurso amoroso, ninguém poderia falar de amor.

Decididamente, a lista de males que torna impossível falar novamente de religião só aumenta. Não surpreende que eu tenha emudecido por tanto tempo.

Em primeiro lugar, teríamos de não acreditar na crença; ora, quase todo mundo aborda "a questão religiosa" afirmando que se deve acreditar ou não acreditar.

Em segundo lugar, teríamos de dar força à noção de construção, de fabricação; ora, a quase totalidade dos religiosos e dos inimigos dos religiosos opõe o que é real, objetivo, autêntico, histórico, ao que é artificial, inventado, fabricado: até parece que a verdade, para eles, consiste em adorar uma imagem "não feita pela mão do homem".

Em terceiro lugar, a instituição teria de se tornar sinônimo de inovação, enquanto quase todos os contemporâneos afirmam que o peso da instituição e a liberdade criadora se opõem como a água e o fogo.

Em quarto lugar, teríamos de abandonar a anti-idolatria, embora a luta contra os fetiches seja o fundo de comércio de todo pensamento crítico, ou seja, a única coisa que resta quando abandonamos todo pensamento.

Em quinto lugar, teríamos de reabilitar o relativismo para transformá-lo em virtude espiritual por excelência, mas apenas a luta contra o relativismo mobiliza crentes e descrentes, racionalistas e não racionalistas, progressistas e reacionários. E parece que todos preferem o absoluto.

Teríamos de nunca ter sido modernos para não vincular mais a religião com o arcaico ou com a frente de modernização; mas, infelizmente, falamos sempre de uma religião "dividida entre a modernidade e a tradição".

Finalmente, teríamos de renovar individualmente essas palavras santas, mas, por definição, não existe religião individual e é todo o povo de redimidos que deve vir em seguida.

É isso, ao menos fiz o meu trabalho, calculei o orçamento sem esconder nada: esse é o preço que teríamos de pagar se quiséssemos realmente reconstruir esses monumentos da fé.

Não há solução, portanto. Consequentemente, nunca ninguém falará novamente a língua religiosa. Suspensa por um tempo, a dívida colossal dos atrasos de tradução ressurge para que ele a pague inteira – e ele não tem um tostão furado para quitá-la. Como mover a língua dentro da boca se, a cada palavra, ele precisa deslocar o peso assustador de milhares de anos de elaborações coletivas, cuja maior parte pesa tanto quanto uma bacia sedimentar sobre uma samambaia do período carbonífero? Esmagado, sufocado, fossilizado, não lhe resta nada a dizer. Ele devia ter desconfiado, não foi por falta de aviso: ele não precisava se lançar nessa aventura previamente fracassada, nesse último combate. A instituição religiosa nunca recuperará o garbo e a imponência que ela teria conservado se, ao longo da história, ela tivesse pagado todas as manhãs o preço da tradução para se tornar compreensível e salutar para cada um de seus novos interlocutores. Para evitar que a verdade seja relativa – no sentido de Pôncio Pilatos –, nós nos esquecemos ao longo do caminho de torná-la relativa à linguagem daqueles que deviam ouvi-la. Como refazer o caminho de volta para passar desse padrão igual e imutável em toda parte para esse outro padrão universal, em toda parte diferente – sim, relativo –, graças ao qual povos diversos se *dão conta* finalmente de que estão vinculados pela mesma história, que em realidade formam o mesmo povo, porque reescutam a mesma mensagem por fórmulas que nunca se parecem umas com as outras? É impossível. O tempo perdido não será recuperado.

Tanto mais que em período de refluxo é grande a tentação de repatriar o povo santo para o abrigo de fronteiras um pouco mais sólidas. Para evitar o exigente trabalho da fidelidade, repousaremos sobre os robustos pilares da política e dos costumes, sobre a velha e pesada inércia dos hábitos e dos pertencimentos cultuais. O povo virtual de geometria variável torna-se então um povo real de superfície cada vez mais estreita. A palavra "fidelidade" não significa mais o que retoma do zero a antiga mensagem para outros ouvidos, mas o que vai serenar os do rebanho, repisando as velhas palavras com que foram embalados na infância. Doravante, existe um interior e um exterior, uma fortaleza sitiada onde é zelosamente conservado o "tesouro da fé" contra a "ascensão dos bárbaros".

Contudo, entre política e religião, não há qualquer semelhança, a não ser os homônimos "povo", "composição" e "representação". Todo o resto é diferente, todos os mecanismos, todas as formas de discurso, todos os regimes de enunciação. O povo dos redimidos não se sobrepõe ao dos cidadãos. Os dois estão bem representados, mas o sentido da palavra "representação" difere totalmente. Não há nada em comum entre aquele que é transtornado pela consumação dos tempos que o toma para sempre e aquele que se maravilha ao ver que a ordem que ele recebe do alto é a mesma que ele teria seguido, se a houvesse querido por si mesmo. Os caminhos da salvação e os caminhos da liberdade encontram-se apenas em encruzilhadas muito espaçadas. Somente poderemos respeitar novamente a forma frágil do discurso político se a distinguirmos cuidadosamente da tradução religiosa. Amparando-se inabilmente um ao outro, para evitar o duro trabalho da retomada política e da retomada religiosa, os políticos, assim como os clérigos, perderam tanto a legitimidade quanto o discernimento. Por isso é que, entre a catolicidade virtual de um povo a ser ressuscitado e os estreitos canais de uma Igreja Católica e Romana, existe hoje um abismo intransponível de tempos desperdiçados, de ocasiões perdidas, de nações abandonadas, de todas as querelas dos ritos que aqueles que acreditaram ter vencido perderam. Acabou. Não há mais nada a dizer.

A menos que existam várias maneiras de ser fiel. Às vezes, em construções às margens de rios caprichosos, podemos ver marcas que lembram inundações centenárias, até onde o leito atual, calmo e controlado, parece nunca mais poder alcançar: existe a fidelidade dessas superfícies que não baixam até a próxima estiagem, mas mantêm obstinadamente o nível, porque ajudam os que passam por ali a se recordar do poder das águas calmas. Também acreditei que seria mais útil marcar uma dessas referências longe do curso atual do rio, para que pudéssemos medir, por letras escritas na parede, a distância que separa o leito presente das inundações futuras. Calculei que seria mais fiel dessa forma do que se me juntasse ao nível presente das águas baixas, ou se abandonasse definitivamente o vale fluvial às suas curvas errantes.

Sim, é verdade, eu situei a enunciação religiosa aparentemente muito longe do que chamamos de religião, religião cristã, religião católica. Alojei-a num tormento particular do discurso, numa hesitação própria, a minha, pensando que valia mais aproximar-se da máquina de elaborar enunciados do que comentar novamente frases cujo mecanismo escapa hoje à grande maioria. Embora tudo seja falso nesses enunciados, tudo se torna verdade quando os traduzimos, quando os transferimos, oferecendo-lhes o veículo que lhes convém – e que não é uma mensagem, uma doutrina, uma sabedoria, um consolo, mas uma forma de boa palavra que faz o que diz: "Atenção! Levanta-te, os tempos se cumpriram, é a ti que me dirijo, é de ti que se trata, aqui, agora". Ou essas frases são ouvidas e realizam o que dizem – e são corretas – ou falham em suas condições de felicidade – e tornam-se mentirosas naquele momento. Sim, uma maneira simples de falar denominada "a Palavra". Isso é suficiente para recuperar a liberdade de falar?

É insuficiente, é claro, pois essa formulação se recusa a escolher entre a imanência e a transcendência. Contudo, não é minha culpa se a distinção entre este mundo e o mundo do além compila tão mal aquilo de que se trata. A experiência de um tempo desde já cumprido rompe o curso usual, habitual, mortal da ação – os amantes estão bem cientes disso. E, no entanto, essa ruptura não nos distancia do tempo que passa, deste baixo mundo, para nos levar a outro reino, outro tempo; ao contrário, ela nos aproxima deste tempo específico que se cumpriu. De modo que, feitas as contas, o termo "imanência" descreve melhor a direção na qual nos leva esse tipo de discurso religioso do que o termo "transcendência", perdido em grandes distâncias. Da antiga e veneranda oposição de um termo e outro, resta a ruptura radical, a conversão obrigatória, o *kairos*, mas a oposição de um mundo e de um outro mundo não compila mais nada de essencial. Portanto, se quiséssemos falar novamente a linguagem da religião (mas quem deseja isso e, sobretudo, quem está pronto a pagar o preço?), teríamos de nos desextirpar, metáfora após metáfora, narrativa após narrativa, ritual após ritual, salmo após salmo, da oposição entre o baixo e o alto, a terra e o céu, a imanência e a transcendência, para recolher em novas fórmulas somente a diferença do tempo que vem e do tempo que passa, do tempo que consuma e do tempo que acumula ou dissipa. Mas quem nos ensinará a desviar o olhar do distante e encontrar o próximo? Quem detectará o espiritual no plano da imanência? Quem nos ajudará a não mais falar de religião com os olhos voltados para o Céu? Não há nada no alto. Ele não está mais aqui. Veja onde o colocamos.

Parece que que esse regime da palavra é excessivamente subjetivo para os do rebanho, e excessivamente objetivo para os que o deixaram há muito tempo. Parece que uma maneira de falar tão frágil e provisória não é suficiente para produzir, através do espaço e do tempo, essas prodigiosas elaborações da religião. Como dizer então que não se trata nem de subjetividade nem de objetividade, ou melhor, que essa enunciação deixa em seu rastro, como todas as outras, sua forma particular de objeto e sujeito? Não, é claro que não se trata apenas de um sentimento pessoal e psicológico, ouvido pela voz da consciência na intimidade do foro interior, um sentimento que não faz nenhuma reivindicação sobre a forma do mundo exterior. Os do rebanho teriam razão de deplorar tamanha redução: a religião dentro dos limites da consciência íntima. Foi porque eles confundiram religião com política que nossos ancestrais tiveram de recorrer a essa solução extrema para evitar que eles estripassem todo mundo em nome de sua fé, encerrando as guerras de religião. Mas se a palavra não reside no coração, também não podemos reduzi-la a essa forma de objetividade que encontra nas provas científicas o caminho para uma referência indiscutível. Deixemos as ciências produzirem os objetos delas, remotos e confiáveis, controlados e distantes, visíveis e mediados. Somente elas sabem transportar a referência dentro da informação. O discurso religioso só pode designar, com provas indiscutíveis à sua moda (constantemente discutidas com temor e tremor), um fenômeno perfeitamente objetivo que sempre lhe escapará e que produz formas novas de sujeição. Mas a oposição entre uma subjetividade (psicológica e sentida) e uma objetividade (provada e referenciada) não compila mais nada dessa presentificação. Quem tem energia para retomar todos os sermões, todas as preces, todas as exegeses, todos os rituais para que eles parem de pedir canhestramente pobres conselhos de psicólogos ao canhestro amontoado de provas objetivas para voltarem a ser *sacramentais*, ou seja, para simplesmente voltarem a fazer o que eles dizem que fazem? Quem se sente em forma para refabricar rituais?

Tenho consciência de que essa forma escrupulosa de compilar parecerá excessivamente realista para aqueles de fora e insuficientemente materializada para aqueles de dentro. Como podemos imbuir o universo de uma "palavra de Deus" que é apenas uma "maneira de falar"? Se damos o nome de "aventura cósmica" a uma tela que se desenha diante de nós e narra a história universal desde o alfa até o ômega, é melhor deixar essas grandes narrativas aos pintores de panoramas, aos apresentadores de cinema *omnivision*. Podemos fazer muitas coisas com essas telas, mas não podemos impulsionar o mais ínfimo começo de sentimento religioso. Aliás, as grandes narrativas, os grandes panoramas cósmicos escritos pelos cientistas que, sem vacilar, contam a história desde o Big Bang até o *Homo sapiens* perdem tão rápido de vista o lento e preciso trabalho das ciências quanto a "cosmificação" perde o lento trabalho do religioso. Se damos o nome de aventura cósmica àquela forma de discurso que não está diante de nós, mas compila aquilo a partir de que começamos a falar, então podemos compreender que as grandes narrativas possam, à sua moda, impulsionar o movimento por alguns instantes. Como uma corrente de ar soprando nas nossas costas, cuja força só se revela se jogarmos confete colorido de viés e contra ela, qualquer narrativa serve, desde que seja lançada e renovada com frequência. Desde que se reconheça que as pequenas narrativas também servem: um Apocalipse que move céu e terra com efeitos especiais suntuosos não compila nada mais do que compila uma *Festa de Babette*, que trata apenas de vinhos preciosos e iguarias delicadas. O que é impossível é capturar, imobilizar o sentido da presença por meio de uma história única, ortodoxa, disciplinada, aferida, porque só uma coisa é certa: o conteúdo vai escapar. Ou olhamos dentro da caixa e ela está vazia, ou ela está cheia e não a enxergamos.

Dando uma roupagem cósmica à expressão religiosa, não vamos mais longe nem mais alto, não a fazemos mais grandiosa nem mais profunda do que se a fizermos usar o véu simples da vida amorosa. Apenas compilamos os mesmos efeitos por outras camadas de narrativa; causa mais barulho, mas não converte necessariamente melhor, assim como os grandes órgãos saberiam substituir os frágeis agudos da flauta doce. Ao vincular a enunciação religiosa às "grandes questões" sobre o "sentido último da existência", dissimulamos tudo o que pode haver de inacabado no vocábulo cosmos, "Deus". São unificações feitas às pressas, sem o menor esforço – sobretudo se, para dar mostra de generosidade, imaginamos um "Deus" "criador" "do" mundo. Não há nenhuma prova de que existe "um" cosmos, e há muitas provas de que ainda não existe "um" "Deus". Não existe prefixo mais blasfemo do que o "mono" de monoteísmo. Observem o eterno apedrejamento de Jerusalém: o politeísmo tão detestado pelos clérigos nunca produziu tantos crimes entrelaçados, tantos sacrifícios humanos, tantos ídolos imbricados e tantos altares sangrentos como aqueles poucos palmos de pedregulhos dedicados à invocação do "Deus único". As pirâmides astecas nunca viram correr tanto sangue; os panteões nunca acumularam tanta impiedade; o nome de "Deus" nunca foi tantas vezes pronunciado em vão. Demonstração pelo absurdo de Jerusalém: "Deus" não é uno. Eis as três tarefas que ninguém tem o direito de simplificar: a unidade de um D. único; a unidade do cosmos; a unidade de um D. e de um cosmos. Ainda não se reuniu o povo virtual capaz de reconhecer, através da diversidade dos tempos e dos lugares, a unificação dessas presenças. É porque a universalidade não está atrás de nós, para ser preservada ou destruída, mas diante de nós, como um trabalho duro para o qual há poucos operários. A catolicidade não consiste em espalhar a boa palavra até os confins do universo, mas produzir do começo ao fim e por toda parte, apenas pela intermediação de um discurso sempre arriscado, a exigência futura de um universal que ainda resta ser negociado. Não podemos mais acelerar a produção audaciosa de um D. único, não podemos mais decidir antecipadamente a dimensão de um povo virtual que será composto, no momento da retomada, por aqueles que se sentirem próximos, salvos, ressuscitados e redimidos.

Como é estranho: de um lado, temos a impressão de que tudo está decidido, tudo está perdido, tudo está acabado; de outro lado, temos a impressão que nada começou realmente. De um lado, jazemos mudos e arrasados, a língua paralisada pela enormidade da tarefa, pela antiguidade dos textos, pela acumulação vertiginosa dos comentários, pela amplitude dos crimes; de outro, temos vontade de falar, balbuciando como uma criança, como se fosse a primeira vez que uma língua instituída se torna discurso. A enunciação religiosa parece no nível mais baixo de sua estiagem; ao mesmo tempo, temos a impressão de que suas cheias ainda estão por vir, que ela mal emergiu dessas outras formas com que se confundiu durante séculos. De um lado, nenhuma época parece mais imprópria para ouvi-la do que a nossa; de outro, nenhuma época apresenta melhor acústica: cada palavra ressoa como nunca. Nenhum mundo é mais propício à retomada da palavra do que o nosso. Todos os obstáculos foram removidos: os fetiches estão em seus lugares, as ciências em suas redes, a política em sua forma própria de fidelidade. Aquilo que a "crença em Deus" não pode mais compilar, os belos vasos da descrença ateia estão prontos a recolher.

Em resumo, não deveríamos nos surpreender: há quantos anos, quantos séculos, os profissionais da palavra, os clérigos, não se encontram diante de um período contemporâneo que eles não detestam com todas as suas forças? Os ídolos, o materialismo, o mercado, o modernismo, as massas, o sexo, a democracia, tudo lhes causa horror. Como eles poderiam encontrar as palavras certas? Eles queriam convencer um mundo que odiavam com toda a sua alma.

Eles realmente acreditaram que só poderiam falar de religião se primeiro deportassem o povo para outros lugares, outros tempos, pretensamente mais "espirituais". Pior ainda, acreditaram que seriam julgados apenas pela capacidade de execrar sua própria época: confundiram a transformação do tempo pela presentificação das pessoas com uma transmigração para um tempo distante, abolido há séculos. Sob o pretexto de reimpulsionar o sentimento religioso, conseguiram apenas produzir filmes de época, dramas épicos. Um olhar sobre o que chamamos por escárnio de "arte sacra contemporânea" seria suficiente para nos fazer compreender esse erro de categoria. De minha parte, esse mundo me serve perfeitamente, não conheço outro melhor, aliás, não tenho outro melhor. Não existe outro mundo, somente este, o único que temos, para resgatar de forma muito diferente.

Por que perdemos o uso do discurso religioso? Porque acreditamos que a religião é tortuosa, como se através dela devêssemos acessar mistérios distantes e obscuros ao longo de um caminho estreito e cheio de armadilhas. Ela semeia obstáculos que nos fazem cambalear, mas é porque o mecanismo de suas provações é outro: é difícil, de fato, encontrar as palavras certas, exatas, precisas, para tornar o discurso salutar, para falar *do* presente. Não inventei nada. Se em matéria de ciência natural ou social o pesquisador tem o dever de adicionar seu tijolo ao vasto edifício do saber, descobrir, inovar, produzir informação nova, em matéria de religião seu dever é de fidelidade: ele não deve inventar, mas renovar; não deve descobrir, mas recuperar; não deve inovar, mas retomar do zero o eterno refrão.

Não me julguem mal: apesar das aparências, não acrescentei nem subtraí nada ao tesouro da fé, nem uma vírgula, nem um ponto. Fui o mais fiel possível. Sem mandato, sem autoridade, eu, que nem sequer sou crente (embora não se trate de crença), encontrei apenas essa forma desajeitada, hesitante, autodidata de celebrar, junto com os outros, mas à margem, para mim mesmo, sem comunidade, sem comunhão, o jubileu do ano 2000.

SOBRE O LIVRO

Formato: 14 x 21 cm
Mancha: 23,7 x 42,5 paicas
Tipologia: Horley Old Style 10,5/15
Papel: Off-white 80 g/m² (miolo)
Cartão Supremo 250 g/m² (capa)
1ª edição Editora Unesp: 2020

EQUIPE DE REALIZAÇÃO

Edição de texto
Mariana Echalar (Copidesque)
Carmen T. S. Costa (Revisão)

Capa
Megaarte Design

Editoração eletrônica
Sergio Gzeschnik (Diagramação)

Assistência editorial
Alberto Bononi

Impresso por :

gráfica e editora
Tel.:11 2769-9056